だいわ文庫

初級者のための
ギリシャ哲学の読み方・考え方

左近司祥子

JN199661

大和書房

プロローグ——古代の、華やかなアテナイと哲学と

ようこそ、そして、ありがとうございます。でも、どうしてこの本を手に取ってくださったのでしょう? もしかすると、ギリシャ神話というのが、今もなお星座の名前になど残っていたりして、何となく心惹かれるものだったからでしょうか。

それとも、2020年に日本で開催されることになっている、あのオリンピックが、古代ギリシャからの遺産だとお聞きになったからですか。

確かに、どこの国のどこでやるオリンピックも、開会式の選手入場のトップはいつもギリシャです。オリンピック発祥の国ギリシャに敬意を払ってのことです。「ギリシャ」でオリンピア競技会は開かれていたのでした。今と同じく4年に1回です。紀元前9世紀に始まり、紀元後4世紀に終焉《しゅうえん》したとされていますが、記録に残っている第1回の祭典は紀元前776年です。それ以来、4年に1回必ず催されました。ですから、西暦などという年代の数え方がなかったギリシャでは、年代を数えるのに、このオリンピア競技会を基準にして、第何回のオリンピア競技会の第何年目、たとえば、

第3オリンピア競技会の第2番目の年といった数え方が採用されていたのです。

もちろん、古代ギリシャで催されていた競技会は、ただの競技会ではありませんでした。オリンピア競技会という名前からもわかるように、これは、神様に関わる行事だったのです。オリンピアと言えば、ゼウスが祭られている場所、ゼウスの住むところです。そして、ギリシャの神々はどういうわけか人間が競争するのを見物するのが好きだと思われていました。ですから、オリンピアの競技会はゼウスに捧げられたものだったのです。

古代ギリシャが衰えると、それがオリンピア祭の終焉にもつながります。紀元後4世紀に終わったオリンピア競技会が、世界的なスポーツの祭典、いわゆる五輪のマークの近代オリンピックとしてよみがえるのはずっと後の1896年で、よみがえらせたのは、フランスのクーベルタン男爵でした。

クーベルタンのオリンピックに寄せる思いは、「国際平和」にもあったと言われています。古代のオリンピックが、その開催中には、最初は1か月、のちになると3か月の休戦が宣言され、これを破った国は、参加を許されなかったということも彼に近代オリンピックを立ち上げさせる動機になったようです。でも、残念なことですが、

1916年、1940年、1944年の、それぞれベルリン、東京、ロンドンの大会は、「大会のため戦争の中断・中止」ということではなく、逆に、戦争のため大会中止という結果になってしまったのです。

言葉を信じた人々

本当のところ、今日のギリシャなんて、ヨーロッパの東の端にあるただの小国にすぎないでしょう。今では、トルコなどのイスラム圏に近い国ではないですか。そのうえ、経済だってあまりぱっとしないようです。それなのに、今なお、ヨーロッパ人は何かというと、古代ギリシャ語を変形させて、ものを言おうとするのです。

最近はあまり流行《はや》らなくなりましたが、一時期ものすごく流行った言葉に、エコロジーというのがありました。訳としては、生態系保存（学）でしょうか。でも、あれも、もとを正せば、ギリシャ語です。「家（oikos《オイコス》）」と「言葉あるいは学問（logos《ロゴス》）」を合わせた言葉なのです。

直訳すれば、家の学という意味です。家というのは、生き物の生命を守ってくれているものです。それについての学問ですから、生き物の生態系を守ってくれることについての学問ということになり、生態系保存（学）などと訳されたのです。

付け加えれば、当たり前でしょうが、こんな学が古代ギリシャにあったはずはありません。現代において、必要になってできた学問です。21世紀にもなって、3000年も昔の言葉をなぜわざわざ使うのでしょうか。

思えば、学問に関する言葉は、この古い、古いギリシャ語に由来するものがとても多いのです。mathematics（数学）もその一つです。もともとの意味は、ただの「学問」という意味ですが。

漫画でも、もちろん物理学でも有名な単語、アトム（atom）も「もうこれ以上切れない、小さなもの」というギリシャ語から作られたものです。

ひょっとすると、ヨーロッパ人は、地理的にどうであれ、そしてもう遠い昔のことになってしまったとはいえ、自分たちを古代ギリシャ文化の継承者と位置づけたがっているようです。

そして、彼らは、ギリシャ文化を貫いているものは**「言葉への信頼」**にあったのだと思っているのではないでしょうか。

確かに、私たちがギリシャの黄金期のように思ってしまう紀元前5〜4世紀のアテナイなどでは、学問はもっぱら言葉に頼っていました。たとえば、砂地に三角形を描いたうえで、「内角の和は二直角」という言葉を頼りに証明をしていくのが幾何学でした。そして、私がここでお話ししようと思っているphilosophia《フィロソフィア》もそういった、言葉に頼る学問の仲間なのです。

日本語で「哲学」と訳されたこの学問の名も、他の多くの学問の名前と同じように、古代ギリシャ語です。ただ非常に早くから使われていますから、古代のギリシャ人でさえ馴染み深かった学問の名前です。philia《フィリア》は愛、sophia《ソフィア》は知、でした。直訳すれば、「愛知」です。

現代英語に、philosophy of cookingという言葉があるのをご存じですか。料理の哲学？いったい何をイメージしたらいいのでしょうか。辞書には、「料理の原理」と出ています。Pohilosophy of kneeというのもあります。ひざの原理です。ひざの故障を考える学会の名にもなります。

今の英語圏の人たちが、この言葉を使ったときイメージするのは、ある物事の原理を追究する学問、あるいは原理を知ることのようなのです。

紀元前5世紀に繁栄していた国として、世界史の授業などで挙げられる国の一つは、ギリシャ、しかもそのなかの特に大きいというわけでもなく、力の強い王様がいたわけでもない、小さな都市国家アテナイのことです。でも、それは他のことのためにではなく、ひたすらこのphilosophiaのおかげだったのではないかと思います。

原因の追究

ここでいうphilosophiaというのは、いわゆる哲学も入りますが、今言ったような、「原理の追究」を行う、あらゆる種類の学問という意味も含まれます。

他の「学問」の分野と言えば、この紀元前5世紀のアテナイで花開いたものに「歴史」があります。

「歴史」を書いた人として有名なのは、紀元前5世紀の**ヘロドトス**です。彼は、ギリシャ人ですが、小アジアのハリカルナッソスの生まれでした。九巻からなる『歴史』の後半第七巻、八巻、九巻は、アテナイがほとんど独力で戦勝した、いわゆる「ペルシャ戦争」についての記述となっています。でも前半では、戦闘を交えることになるそれぞれの民族がどんな生き方をしているのかなどまで書かれているのです。

有名なのは、第二巻の66です。そこには、火事が起こった際の、エジプト人と猫の話が書かれています。エジプト人は消火などそっちのけで猫が火のなかに飛び込まぬよう、間隔を置いて並び、猫の見張りをするのです。それでも猫は人の目を盗んで、人垣をかいくぐり、人を飛び越えて、火のなかに飛び込んでしまい、エジプト人は深く悲しむという、ギリシャ人にはあまり知られていない話です。

でも、こういった記述も、実は、彼の本の冒頭にあるように、「特に、ギリシャ人と異国の人がどんな原因で戦争を始めたかが、時のたつに従って、忘れ去られることがないように」書かれているわけなのです。

ところで、ヘロドトスより少し遅れて、アテナイに生まれた歴史家がいました。**トゥキュディデス**です。彼は、ペルシャ戦争の後に、ギリシャ内で起こった内戦、ペロポネソス戦争の歴史を書きました。

これはアテナイとラケダイモン（スパルタ）の戦争でしたが、ギリシャの諸国がそれぞれどちらかの味方をして、ギリシャ人にとっては大戦争になりました。紀元前431年に始まり、同404年に終わったというのですから、始まってから終わるまでが長かったということもあります。

その彼も、第一巻の44で、自分がこの本を書くに至ったわけを語っています。両国の和約破棄からこの戦争は始まったのですが、「私はその原因と両者の紛糾《ふんきゅう》点をまず書いて、いつかこのような大きな戦争が、ギリシャ人の間でなぜ起こったのかを探求しようとする人の苦労を少なくしたいと思う」と書いているのです。

二人の歴史家とも、明らかにしておきたいことは「原因」で、戦争が済んだ後には忘れ去られてしまうかもしれない、でも実は、行く先の事の成りゆきを決めるものでもあると言い、それは言葉によって明らかにしておくしかないと思っているのです。

これから私が話そうとしている、いわゆる「哲学」の祖とされる、これまたアテナイの人ではないのですが、タレス（紀元前６２４／40～前５４６年）の追究した、万物のアルケと似ています。

アルケというのは「事あるいは物の初め」ということですし、それはただの初めであるだけでなく、今ある物や事の根底にあるもの、あることを指しているのです。これは歴史家がこだわった「原因」と似ているでしょう。アルケも原因も、その後に生じた事柄の様子をひそかに決めているものであり、言葉にしないかぎり見えないものだからです。

アテナイの民主制

二人の歴史家がともに、歴史的事実を書くのに、その原因を書いておくことに心を配ったのは当然です。でも、違いもあります。トゥキュディデスはそういった後、こう付け加えます。原因といっても、本当の原因と、一般的に言われている原因との二つがあるのだと。

こう主張することによって、トゥキュディデスは、自分の本のなかでは、その本当の原因を明らかにしなくてはならなくなります。

彼がまず心がけたのは、事の順番でした。どの事件がどの事件の後に起こったのか、はっきりさせることでした。さらに彼が心がけたことは、直接人々の心を奮い立たせる有名政治家の、戦争を決める議会での演説等の収録でした。

戦争開始を決めるのは、アテナイの場合、直接制民主主義の議会、民会です。戦争をしたい人、それに反対の人が民会で意見を述べ、それについての投票が行われて決まったのです。

もちろん、録音できる機械などないですから、この本に採用されている演説は、彼の意図に反して、本当に語られたものとは少し違ったものになっているのかもしれません。それでも、二巻の35~48に収録されている、ペリクレスの「戦没者に対する国葬演説」は、当時のアテナイ民主制の美しい讃歌として、これから私が語ろうとする哲学者ソクラテスさえ触れているほど、当時のアテナイ市民の心をとらえたものだったのです。

こういった演説が民衆の心をとらえるということ、それは、当時のアテナイ市民の民主制に寄せる期待を読み取るには十分ではないでしょうか。そしてそれは、民主制をとっていないラケダイモンとの戦争へ心をあおる「原因」となったのは間違いないでしょう。

トゥキュディデスがこのように演説の収録に努め、それを書き残してくれたということは、私たちに新しいことを教えてくれます。**この世紀に、アテナイでいろいろな学問が花開いたのは、言葉に重きを置く、アテナイの民主政治のおかげだった**ということです。

先ほどふれたように、言葉好きの人々が直接民主政治を支え、直接民主政治が言葉好きを支え、そしてそれが学問の、そして、悲劇や喜劇の発展に結びつくのでした。と、華やかに、アテナイの民主政治とそれを支える言葉への讃歌を述べることはできます。でも、「学問」の発展ということのなかに、こっそりと「哲学」も含めてしまっていいのでしょうか。こういう「にぎやかな」アテナイには、お祭り騒ぎは似つかわしくても、それに水を差すような、「哲学」など生まれる余地はなかったのではないでしょうか。

でも、ソクラテスは哲学者であり、間違いなくアテナイの人でした。

いったい哲学って何でしょう。どうしてソクラテスこそ哲学者なのでしょう。

初級者のためのギリシャ哲学の読み方・考え方◎目次

プロローグ——古代の、華やかなアテナイと哲学と　3

第1章　いちばんさいしょの哲学者

ギリシャ人と神　22
タレスは神に別れを告げる　26
タレスとソクラテス　30
最初の哲学者は誰か　33
タレスとソクラテスの間　36
彼らは万物について詩で語った　43

第2章 ソクラテスとは何者か

アテナイを目指した哲学者たち 46
ソフィストたちの活躍 49
人間尺度命題 53
そしてソクラテスの登場 58
アリストパネスの描くソクラテス 61
クセノポンの描くソクラテス 68
ディオゲネス・ラエルティオスの描くソクラテス 71
「無知の知」の発見 75
プラトンの描くソクラテス 81
ダイモンとは何者か 86
ダイモンとソクラテス 89
言葉好きなソクラテス 91

第3章 プラトンの思想的挑戦

プラトンってどんな人？ 100
ソクラテスの死刑に立ち合わなかったプラトン 103
人間同士の話し合い、そのとき必要なこと 106
「無知の知」を知るってどういうこと？ 110
二人の立場の違い 114
他国には行かなかったソクラテス 119
プラトンのシュラクサイ行き 121
理想国家、完璧な支配者とは？ 124
正義とは何なのか 130
国の誕生 133
それぞれの持つ徳 136
徳のある、正しい個人 140
魂の働きは一つ、でも三つの部分がある 142
正しい生き方って？ 145
対話術の習得 150

前提から結論へ　153
魂の不死　157
もう一度、イデア　161
イデアの分有　163
「魂の不死」の証明　168
ソクラテス－プラトンの考えた善　173
太陽の比喩　176
線分の比喩　178
洞窟の比喩　179
哲学者を統治者に　183

第4章　アリストテレスの精密思考

猪とアリストテレス　186
アリストテレスの書いた物　188
アリストテレス先生　192

猫を語るアリストテレス 197
アリストテレスの思考の進め方 199
この世のことも語りたい 202
四原因説 205
可能態と現実態 208
もう一つの「態」 211
『形而上学』の運命 214
幸せって何だろう 219
アリストテレスの考える神様 225
非受動的知性と受動的知性 231
『ニコマコス倫理学』の結論 235
「論じあう場」に必要なもの 238
友だちのいない人生なんて 242
友だち成立のための三つの要件 244
愛の三つの対象 248
長続きする共同体? 252
アリストテレスの「美のない愛」 255
新たに登場した哲学の三つの派 261

第5章 最後のギリシャ哲学者

懐疑派――言葉を使わない賢者 265
エピクロス派――本当の快楽とは？ 270
ストア派――宇宙と人間と 275
ネオプラトニズム 282
事物とイデア、多と一 284
一者から多くのものが生まれる方法 286
古代の終わり、中世の始まり 292

哲学の誕生

年代	活躍した哲学者	できごと
紀元前	タレス	
500	ピュタゴラス、ヘラクレイトス、パルメニデス、エレアのゼノン、エンペドクレス、プロタゴラス、デモクリトス	ペルシャ戦争（B.C.499～449）
	ソフィストたち ⇔ ソクラテス	ペロポネソス戦争（B.C.431～404）
400	プラトン	アレキサンダー大王即位（B.C.336）
	⇔ アリストテレス	
	ピュロン（懐疑派）	大王死後（B.C.323）帝国が 4 分裂
300	エピクロス（快楽主義） ⇔ ゼノン（ストア派）	
		ローマ時代 第一次ポエニ戦争（B.C.264～241）
200		
紀元 200	プロティノス（ネオプラトニズム）	ローマ帝国全盛

※哲学者生没年に関しては『哲学事典』（平凡社）に依拠

第1章
いちばんさいしょの哲学者

ギリシャ人と神

言葉を愛するギリシャ人のもとで、古代の文化の花が華々しく開いたのは、やはり、紀元前5世紀のアテナイのころだとは思うのですが、そのためには、簡単に「言葉を愛する」ギリシャ人と言っていられない事情があったように思われます。

言葉というのは、そもそも、誰かと、あるいは、自分とでもいいのですが、話し合うためのものです。たとえば、「朝ご飯、まだ?」なんていう言葉だって、ご飯を作る親とそれを待つ子が話し合うために発せられる言葉です。

言葉というのが、「**話し合い**」を前提とするものだということは、当たり前の話です。でも、古代ギリシャの人には、そういって平然としていられない「話し合い」がありました。それは、神との話し合いです。彼らは、神々と関係を持つことを願いました。もっと端的に言えば、**神々に言葉をかけ、言葉を返してもらおうという「神託《しんたく》」が大切だった**のです。

神託ということなら、「**デルポイの神託**」というのが有名です。ヘロドトスの『歴史』という本の一巻53に有名な話が出ています。リュディアの王クロイソスの話です。

彼はそのころ大きくなってきたペルシャと戦争しようと思っていたのです。そして、デルポイという町にあるアポロンの神殿に神託を求めました。返事は、「ペルシャを攻めると一大帝国を滅ぼすだろう」というものでした。

この戦いは、ペルシャの勝利でした。捕らえられたクロイソスはデルポイの神託所に文句を言うために使者を出すことを許してくれるように、ペルシャの王に頼みます。デルポイは答えました。「一大帝国とはリュディアのことだったのだ。お前が取り違えたのだ」と。

この話のように、**神の声というのは、ひどく曖昧《あいまい》**なのです。神の声は聞きたいけれど、それをどう解したらいいのかということが、だんだん古代ギリシャ人の間で問題になっていきました。

たとえば、これはもう「お話」の世界ではなく、れっきとした「歴史」の時代に入ってのことですが、アテナイとペルシャの戦争のとき、アテナイからデルポイに使者が立ち、神託を求めたのです。

初めの神託は、曖昧模糊《もこ》などというものではなく、はっきりと、「もうまったく勝ち目はない、できることは嘆くことだけ」といった類のものでした。

こんな神託は、アテナイに持って帰れません。困った使者は、再度願い出るようにとデルポイの名士の一人に勧められて、そこでもらった神託が、「ゼウスはアテナイのために、木の砦《とりで》を唯一不落の砦として、人々に賜《たまわ》るだろう。……聖なるサラミスよ、そなたは女らの子を亡《ほろ》ぼすだろう」というものでした。

この神託を巡っては、「木の砦」が問題になりました。何と解するかでもめたとき、有名な政治家の**テミストクレス**が、船だと主張し、いわゆるサラミスの海戦を望んだのです。

その解釈の障害となったのが、サラミスが女らの子を亡ぼすだろうという一句でしたが、それは「聖なる」という連体詞に着目することにより、滅びるのは、自分たちではなくて、ペルシャの兵のほうなのだと主張することができて、めでたく民会の総意を得、サラミス湾の戦いに臨むことになったのでした。余談ですが、言い添えれば、この戦争はアテナイ方の勝ちでした。

こういうように、だいぶ時代が下り、話題が日常的になってきたときでさえ、言葉が好きな人々のところに出た神託というのは、様々な解釈があって、騒ぎになるものだったのです。

サラミスの海戦にまつわる神託の解釈の違い

神託

- ゼウスはアテナイのために、**木の砦**を唯一不落の砦として、人々に賜るだろう。
- 聖なるサラミスよ、そなたは**女らの子**を亡ぼすだろう。

↓

解釈

戦争回避派		開戦支持派
「アクロポリス」のことで、それ以外は壊滅してしまう!	**木の砦とは**	「船」のことで、サラミス湾で戦えということだ!
ギリシャ兵は滅びてしまう!	**女らの子とは**	"聖なる"サラミスが滅ぼすのだから、ペルシャ兵のことだ!

神からの言葉、神託はこういうわけで、言葉好きな、しかも議論を大事とするギリシャ人のなかに、「解釈の問題」という厄介《やっかい》ごとを突きつけることにもなったのでした。

タレスは神に別れを告げる

でも、神託を求めるということは、先の見えない弱い人間が、神様に助けを求めているのです。それにもちろん、手ぶらで相談に行っているのではありません。それ相応の捧げものを持って神託を求めに行っているのです。

デルポイの神託が当たるというのは、各国の要人が、できるだけよい捧げものを持って行っているからで、その高価さがその国の国力を表し、それをデルポイの神官たちが読み取って、今度の戦争の勝ち負けを判断していたとも言われています。

そんなに人間は必死で神託を求めているのです。どうして神様のほうは、はっきりしないぼやけたものしか寄越さないのですか。リュディア王のところでわかったように、それは、当たらなかったじゃないかという文句をかわすためのものだったとしか言いようがありません。

とはいえ、人間は、やっぱり神託を求めたのです。「それでも神にすがる可哀そうな人間」対、「(どんなに手心を加えてみても)不親切としか言いようがない神」という関係です。こうなると、**神託の言葉は、悲劇しかもたらさない**ように見えてきます。

そのうえ、古代のギリシャ人が好んで読んでいた、ホメロスとかヘシオドスの詩を見てください。そのなかでは、神様同士が世界の覇権について争いあっています。

ヘシオドスの『神統記』のなかで、あの美しいアプロディテの誕生のことが語られます。ルネサンス期に、ボッティチェリも《ヴィーナスの誕生》という美しい絵を描いています。でも、ヘシオドスの描く誕生のさまは、そのように優雅なものではありませんでした。世界の覇権を狙うクロノスが、父神ウラノスの陰部を切り取って海に投げ込んだときにできた泡から生まれたのがアプロディテだったというのです。

世界をそんな神々が司っているのですから、とんでもないことになります。神々同士は争いあい、そして、人間のことは無視ということですから、人間としては安心して生活などできないでしょう。いつ、どの神の気まぐれで、この人間界の生活がひっくり返されるかわからないからです。

それを痛感していたのが、あの哲学者の初めとして教科書などに出てくる**タレス**だったのではないかと思うのです。

タレスは自然を論じようとしていました。いつ何をするかわからない神など抜いた自然を。でも、なぜわざわざ神抜きで？　何かとんでもないことが起こったら、それは、雷を鳴らす神とか、地震を起こす神とか、ギリシャ神話のなかにいる神のせいにすればいいのです。この世に起こる悪いことはそういった神のせいだと言っておけば問題ないではありませんか。みんなおとなしく黙るでしょう。そういった神をわざわざのけて、自然現象を話題にする必要はないはずです。

でも、**『ソクラテス以前哲学者断片集』**という本のなかに出てくる、タレスのB断片（この本はA断片とB断片と分かれていますが、A断片は生涯と学説、B断片は著作断片が載っています。たまにC断片がある場合もありますが、それは彼の作と言われているものの、「倣作」〈偽物〉と表示されています）、そのB断片1で、アリストテレスの注釈家であるシンプリキオスが、自分の著作のなかでタレスのことに触れていて、「タレスは、自然について研究した最初の人だ」と紹介した後、彼の著作として『航海用天文学』という本を挙げています。

タレスは、イオニアの海岸地方ミレトスの人です。彼は当然、自分も航海したでしょうし、他人にも安全な航海の仕方を語ったものと思われます。航海中に雷が鳴り出したらどうしたらいいのか、あるいは今日は雷が鳴りそうな日なのかどうか、それは彼の関心事だったろうし、周りの人からも教えてほしいと頼まれたでしょう。そんなとき、そこにゼウスを持ち出したって、どうにもなりません。それが、彼が神抜きで、自然について考えることになった動機ではないかと思えるのですが。

そこで**『ギリシャ哲学者列伝』**（以降『列伝』と省略することにします）を書いたディオゲネス・ラエルティオスは、その序文で、哲学を「自然学」「倫理学」「論理学」の三つの分野に分け、そのなかの「自然学」について語ったのは、タレスが初めの人だと述べたのです。そして、「自然学」探求の結果、あの、タレスの**「万物のアルケ（源）は水だ」**という主張も出てきたとしたのでした。

この世の万物の源に神の名など出さない、神抜きで、こっちの世界のアルケを考える、それが一番、この世の本当のこと、この世で航海しようとしているとき役に立つことだと彼は考えたはずです。この世のことをこの世のことから考えていこうとする、この彼の態度こそ、哲学者としてのタレスの態度だったのでした。

この考え方の流れは脈々とつながり、これから始める哲学史を作っていったのでした。これが、これから語ろうとする「哲学」の話なのです。

タレスとソクラテス

すでにおわかりでしょうが、この「哲学」も、アテナイ原産ではありません。イオニアの人、タレスが初めです。もう少し詳しく彼の話をすれば、紀元前7世紀から6世紀の人で、フェニキア人の名門の出だそうですし、活躍した場所も小アジアのイオニアです。彼はいろいろな「学問」に通じていたようで、日食の予言、ピラミッドの高さの測定なども行ったと言われています。

彼が、哲学史の冒頭に出てくるのは、「万物の源（アルケ）は水だ」と言ったからです。世界は水から生まれ水に返るということです。それだけではありません。ギリシャ人にとって、「アルケ」という語は、そこから出てきたものの在り方を支配し、決めるものという意味もあるのです。ですから、万物は「水」によって、その在り方を決められているということになります。

万物ですから、人間も猫も、カブトムシも、薔薇《ばら》も含めてです。見ただけでは異な

万物の根源は水である

私ではないのか・・・
ゼウス神
この世のすべては水が形を変えたものだ!
カーバイド(炭化カルシウム)に水を注ぐと発火する
= 火の根源も水だ!
生き物も植物も
水がなくては生まれない
タレス

って見えるものも、結局は同じものなのだということにもなるはずです。そういった**見えない源（アルケ）への関心は、言葉によって探るしかないのだ**という決意が、哲学の初めとなったとも言えます。そして、そういった「言葉への関心」が、次々に哲学を生んでいくことになったのです。

タレスが目指した哲学は、今申し上げたように、ディオゲネス・ラエルティオスによって、哲学のなかの一部門、「自然学」と呼ばれることになりましたが、そのディオゲネスの言った、もう一つの部門「倫理学」を始めたと彼が考えたのは、ソクラテスでした。

確かに、哲学の始まりとして、現代の歴史や哲学史などでは、このタレスが出てくるのですが、私たちが強烈な印象をもって哲学者というのは、裁判で死刑になったアテナイの人、ソクラテスです。彼の哲学の分野は、倫理学だというのです。

ところで、この二人の間に、どんな関係があるのでしょうか。師弟関係？　でもタレスは紀元前7世紀から6世紀の人、ソクラテスは紀元前5世紀の人です。そしてソクラテスは今のアテネを中心にしたアテナイの人。しかも従軍した以外は自分の国の外に出たことのない人です。

その二人のどこが、同じ哲学者なのでしょうか。この二人の間隙《かんげき》を埋めて、同じ哲学者と呼ぶことができるのは、なぜでしょう。

　正確に言えば、紀元前470年頃に生まれ、同399年に死刑になったソクラテスと、紀元前624年頃から同546年頃の人と言われているタレスとの間は、ほぼ200年あります。

　哲学史の言うとおり、タレスが最初の哲学者だとすれば、そして、ソクラテスこそ私たちがよく耳にする哲学者なのだとすれば、この200年弱の間、哲学は眠ったままで、何も目新しいことを言った人が現れなかったということなのでしょうか。

最初の哲学者は誰か

　先にあまり説明をしないで挙げてしまった『ソクラテス以前哲学者断片集』という本について、ここで、ちょっと説明をしておきたいのです。

　この本は、ヘルマン・ディールスとヴァルター・クランツという二人のドイツ人の、古典ギリシャの哲学を研究している学者が、ソクラテス以降の哲学者たちの残した本のなかから、ソクラテス以前の哲学者が言ったとされる引用文を丁寧に拾いだし、まとめ

1951年～52年にかけて出版したものです。彼らのおかげで、タレスからソクラテスの間に哲学者はいたのか、どんな人が何を言っていたかも、わかってくるわけです。

この本は、90項目からなっていて、百名近くの哲学者と言われる人たちがほぼ年代順に紹介されています。でも、私たちにとっては何とも奇妙なことですが、始まりは、タレスではないのです。タレスの出番は11番目です。

一番初めは、なんと**オルペウス**です。妻エウリュディケーを黄泉《よみ》の国にまで取り戻しに行った、あのオルペウスです。

彼は詩人であり、臆病《おくびょう》だったので、自分は生きたままで黄泉の国に入ろうと画策し、神々に嫌われて、妻を取り戻すことはできなかったのでした。のちに、オルペウス教という宗教の創始者ともなるのですが、そういった奇妙な伝説がらみの人です。これがこの本の一番初めに出てくるのです。

オルペウスの記事の出典は、プラトンの著作がかなり多いように見受けられます。そこで言われている、**肉体（ソーマ）は魂の墓場（セーマ）説**（魂独自の在り方はよいことだが、その在り方の足を引っ張るもの、それが肉体だという考え方。その考えは、死後にこそ本当の生があるというオルペウス教につながったとも言えるでしょう）などが、プラトンほか、のちの哲学者に大きな影響を与えたということで、彼が一番初めの哲学者として挙げられたのかもしれません。

でも、彼の説はそれだけではありません。もちろん、かなり後世の人からの引用になるのですが、彼は、「始めから水はあり」「水はあらゆるものの、始めであると言った」と出てきます。「始め」とここで言われている言葉こそ、あの、アルケという言葉なのです。

この記述に信憑《しんぴょう》性があるとすれば、万物の始め、源（＝アルケ）を言い出した人は、タレスではなくオルペウスということになりかねません。ただ、オルペウスの場合は、水から生まれ出てくるのは、多くの神々であり、だからオルペウスの語る話は、theologia《テオロギア》（神学）と言われてもいるのです。そのせいで、古代ギリシャの人々には、この世界の誕生の話とは思われていなかったということです。

そして11番目にようやく、先ほどから問題にしていた、「この世の誕生」を語るタレスが出てくるのです。

タレスの説をかなり詳しく紹介しているものとして、**アリストテレス**の『形而上学』の第一巻第三章983bが紹介されており、それによると、「タレスは万物のアルケ（源）

を水と言い、万物は水から生まれ、水に返っていく」と言ったと出ています。「その、水から水への途中でも、形や性質は変わっていくものの、本当に元のところにあって、それぞれの物を支配しているのは、水なのだという考えだ」とアリストテレスは言っています。ここで初めて、この世は、神々から切り離され、神々と関係なく、できあがったことになったのでした。

そして、**神々から離れた、この世界、そういう世界がどういう在り方をしているのかを考えていくのが「哲学」**ということになったのです。そういうわけで私たちは、オルペウスではなくて、タレスこそ哲学の初めとして考えることになったのだということになります。

そして、この後、ソクラテスの生きた紀元前5世紀になるまで、百名近くの「哲学者」が登場するわけです。実にたくさんの哲学者が登場します。

タレスとソクラテスの間

紀元前5世紀のアテナイが学問の面でも花開いていたというのは本当ですが、これは、アテナイ人が学問に精を出していた、というのとは少しわけが違うのです。

確かに、前に紹介したトゥキュディデスは、アテナイの人でした。そしてこれから紹介するソクラテスも間違いなくアテナイの人です。でも、これも前に申し上げましたが、どちらの「学問」もアテナイ起源ではありません。はっきり言えば、**歴史も哲学も、起源はイオニア**でした。

イオニアというのは、アナトリア半島の南西部。アナトリア半島というのは、現在のトルコの一部です。風光明媚《ふうこうめいび》で気候も温暖ということで、古代でも有名でした。タレスも、ヘロドトスもいわゆるギリシャ本土ではなくイオニアなどに住むギリシャ人だったのです。そして、ここに端を発した学問が、紀元前5世紀にアテナイで花開くのでした。

とはいえ、端を発してまっしぐらにアテナイへ、というわけでもありませんでした。

哲学に関して言えば、**ピュタゴラス**がいます。彼は、哲学者としても(魂の不死、魂の輪廻転生《りんねてんせい》を言った人です)、幾何学者としても(昔はピュタゴラスの定理と言われてもいた、あの三平方の定理を証明したと言われます)、音楽学者としてさえ有名ですが、紀元前6世紀頃の人でした。

彼の生まれは、タレスたちと同じくイオニアの、ですから、現在のトルコ沿岸のサモス島です。やがて彼は、イタリアのクロトンに移り住んで、そこにピュタゴラス教団を作ったのですが、このクロトンというのは、今のイタリア半島の、長靴の足の裏にあたるところです。イオニアからイタリアへ。彼の移動は、アテナイを無視しているかのようではないですか。

「同じ川の水には二度とは入れない」といった、万物流転《るてん》を説く**ヘラクレイトス**という哲学者もいます。彼は、紀元前6世紀（紀元前540年頃）から前5世紀（同480年頃）の人です。現在のトルコ西部、小アジアのエペソスで活躍しました。

もっとも彼は、この流転する万物に、共通なロゴス（普通、「言葉」と訳しますが、「言論」、「理」、「理性」とも訳されます。後のことになりますが、新約聖書ヨハネ福音書の冒頭は、「初めにロゴスがあった」です）があると言おうともしていました。そして多くの人々は、そのような共通のロゴスに従おうとせず、自分個人の考えに従って生きているだけだとも言っていたのです。

パルメニデス（紀元前544～前501年）という哲学者もいます。彼が生きていたのは、イタリアのエレアであり、だから彼の学派は、エレア派と呼ばれています。

多くのものを１つに集約して考えるのが哲学者の技の見せどころ

彼は「ある、あらぬことは不可能……あらぬ、あらぬことが必然」という「ある」と「あらぬ」をはっきり分けた人です。「ある」のと「あらぬ＝ない」とは、それはもちろんまったく別なことです。でも私たちは、あるものがなくなったり、ないものが生まれたりするのをよく知っています。それが生成消滅ということであり、だから喜んだり悲しんだりするわけです。でも、それは間違いだとパルメニデスは言ったのです。「あるものはあらぬ」というのは、「aは-aだ」ということであり、論理的に矛盾していることを言っているのだとして、彼は生成変化を彼の哲学から締め出したのでした。

このパルメニデスを愛し、彼の学説を支えようとした弟子に、**エレアのゼノン**（紀元前490～前430年）という人がいます。「アキレウスと亀」というパラドクスを作ったりしています。一歩でも先に歩き出した亀をアキレウスは抜くことができないという論です。アキレウスが亀を抜くためには、まず、亀が前にいた場所に行かなくてはなりません。でもそのときには亀はまた少し先に、そしてそこに達すると、亀はまた少し先に。そしていつまで経っても、それは続き、結局は抜かすことができないというパラドクスです。

運動は生成消滅の一種です。その運動でこのような妙なことが起こるのですから、

パルメニデスとエレアのゼノンの論理

「ある」だけがある（「ない」はない）

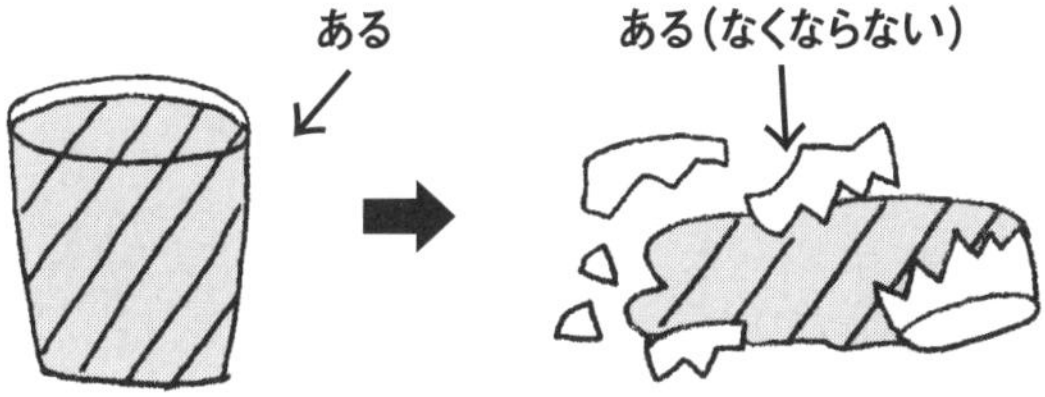

何もない「無」から「有」が **生成** したり、

「有」が消えて「無」になる **消滅** はありえない

アキレウスは亀を追い抜けない

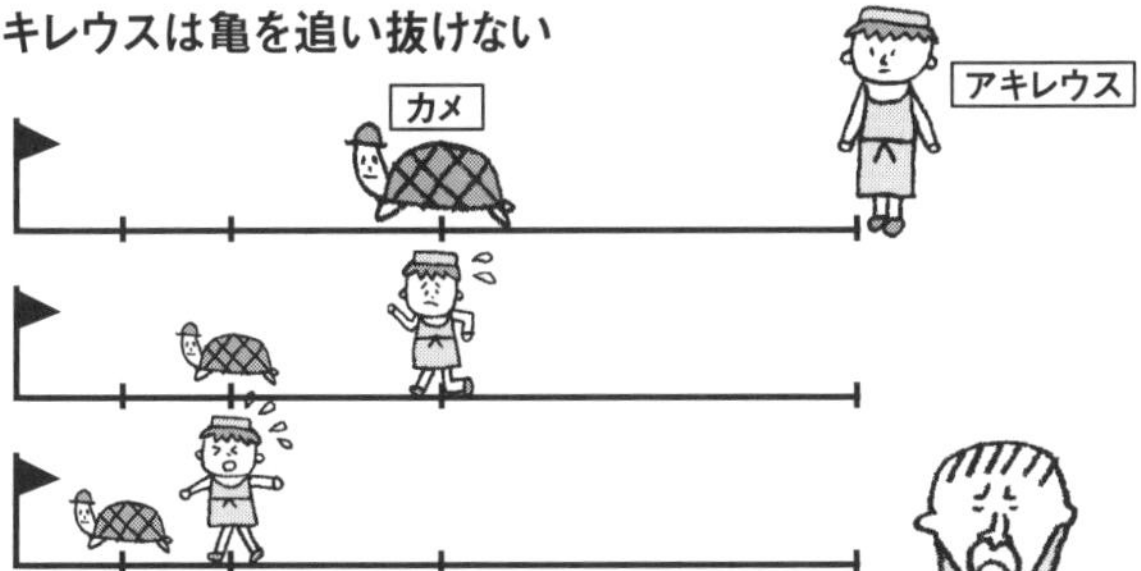

アキレウスが亀に追いつくには、まず亀のいた地点に着かねばならず、その時には亀は少し先に進んでいるので亀が動くかぎりアキレウスは追いつけない。

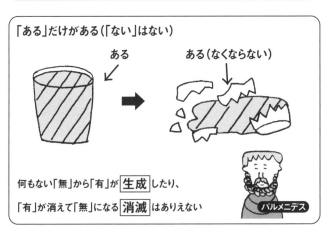

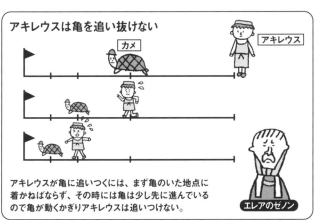

生成消滅など相手にしていたら哲学はできないのです。要するに、あるものはあり、あらぬものはあらぬという、パルメニデスの説の擁護《ようご》になる論です。このパラドクスは、のちにアリストテレスが『自然学』のなかで、彼の現実態と可能態という区別を使って、見事に論破することになります。

エンペドクレスという哲学者もいました。彼も、イタリアのアクラガスで活躍した人です。紀元前5世紀（紀元前493〜紀元前433年頃）の人です。

彼は、世界は四つの根（リゾーマタ）、火・水・空気・土からできている。四つの根はそれぞれにそれぞれ球形をしているのだが、それを分離させるネイコス（憎しみ）と結合させるピリア（愛）とが、動力因ともなって、結合分離させ、物ができ、物が壊れていく、と説いたとされています。これはパルメニデスの主張をうまくかわしながら、生成変化するこの世のさまを語ったものとも思われます。

彼はまた、思考する魂と、その対象である、考えられているものとの関係を、土によって土を、水によって水を、空気によって空気を、火によって火を、愛によって愛を、憎しみによって憎しみを見ると言って、似たものは似たものによって認識されるのだ、と主張してもいます。認識とは、認識対象と認識する魂を構成する部分との、同じもの同士の間に成立するものだとすることによって、これもまた、パルメニデスの呪いを越えようとしているのだと思われます。

彼らは万物について詩で語った

このように、いろいろな哲学者がいろいろなことを言って、紀元前5世紀のアテナイへとつながっていくのです。

ただ、彼らは、「万物」を語ったのです。もちろん万物のなかには人間も入るかもしれませんが、**人間の特殊性――人間だから、人間なのだから、こう生きるべき――などは問題になりません**。エンペドクレスの「思考する魂」も、実は人間限定として語られているわけではありませんでした。

今では、哲学と言えば人間の生き方、私的な生き方であれ公的な生き方であれ、とにかく人間の生き方を問題にします。「私はどう生きるべきなのか」などは前者でしょうし、政治哲学などは後者でしょう。でもこの当時、大事なことは、万物を神抜きで語ることであり、万物の在り方こそが問われ、語られていたのです。そのせいで、彼らの哲学は、自然哲学と総括されることもあるくらいです。

ところで、ついでに言っておきたいのですが、今挙げた紀元前5世紀以前の哲学者が、自分の哲学を語った言葉についてです。なんと、それは詩で語られていたのでした。

もちろん、自由詩などではなく、韻《いん》を踏んでいる詩です。だからこそ先ほども言ったように、私たちには詩人としてしか考えられないオルペウスを、哲学者として冒頭に挙げて語っても、不思議はなかったとも言えるでしょう。

生成消滅を否定したパルメニデス。生成消滅こそ、私たちの感情を揺るがせ、詩心を生むものですが、それを彼は否定し、平静を保とうとしたかに見えるのですが、その彼も、そういった無味乾燥な自説を、詩で語っているのです。

なぜ彼らは、自説を詩で語ったのでしょうか。一つ考えられるのは、詩で語られたもののほうが、人の耳、そして心に届きやすく、記憶に残りやすかったからではないでしょうか。というのは、その時代には今ほど、他人の考えや、言ったこと、行ったことを、書き残すことに積極的でなかったはずです。紙や鉛筆などもありふれたものではありませんでした。とすれば、記憶に残すには何と言っても、韻文がよかったのではないでしょうか。

第2章
ソクラテスとは何者か

アテナイを目指した哲学者たち

そして、紀元前5世紀、いよいよソクラテスの登場です。

このソクラテスが、アテナイにいて、哲学の本、そして韻を踏まない哲学の本を、初めて書いたということにでもなれば、話は早いのです。でもそうはいきません。もっと話はこんがらがっています。

確かに、このソクラテスがいたせいか、よその土地からアテナイにやってきて、哲学説を披露しようとする者も出てきます。**デモクリトス**（紀元前460〜紀元前370年頃）という哲学者です。彼は、アブデラという、今のギリシャでも東のはずれにある都市、そのころはイオニアのクラゾメナイからの入植地とされていましたが、そこの生まれでした。

彼は、もうこれ以上分割できないというアトム（『鉄腕アトム』のアトムです。原子という意味で使われています。内容は同じですが、この語はもともと「ア＋トム」で、「これ以上できない＋分けることが」という意味の単語です。だからアトムはどんな性質も持っていません。アトム間の差は大きさと形で出てくるだけです）と何もない空間だけを認めて、

デモクリトスの原子論

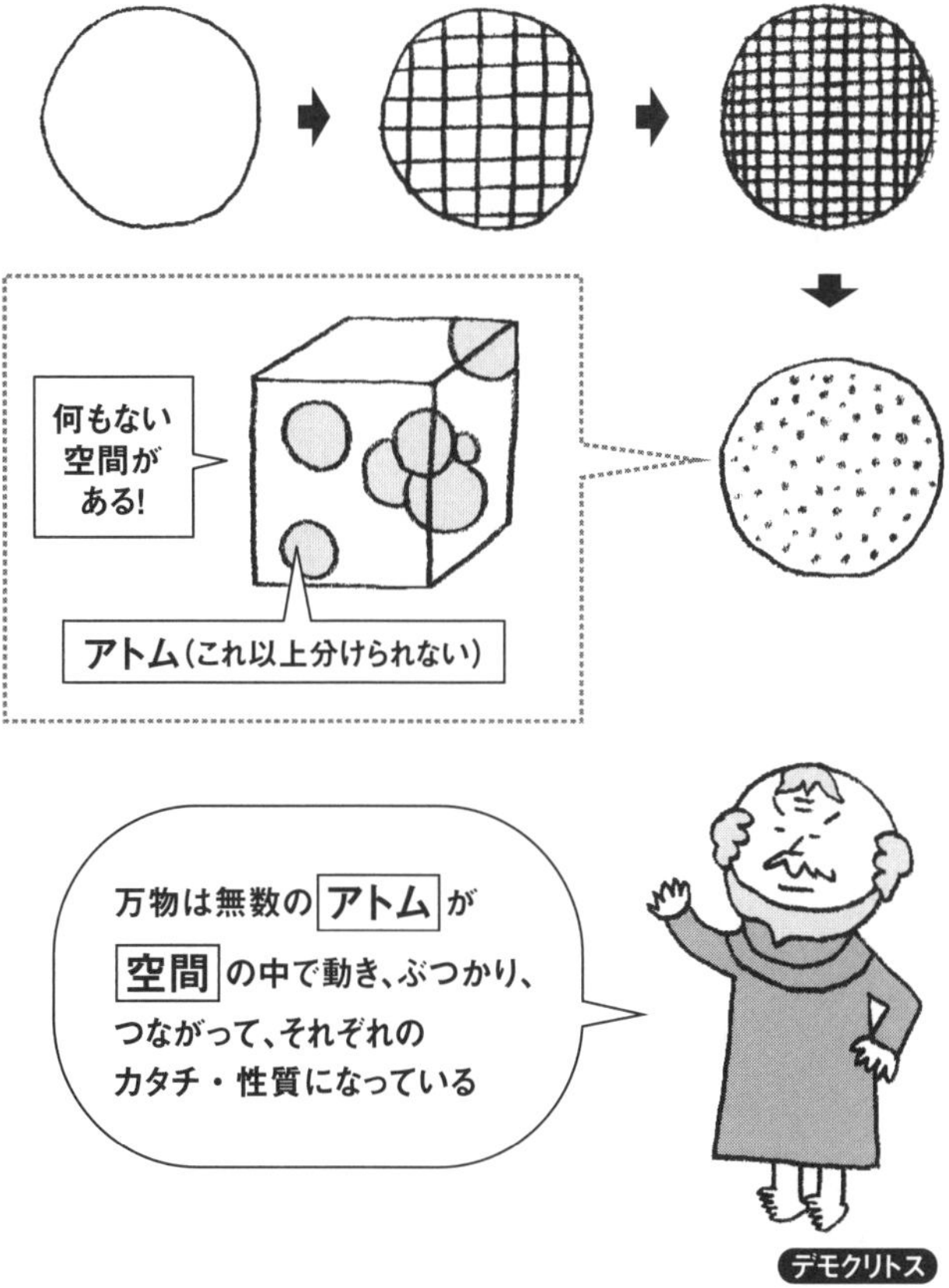
何もない
空間が
ある!
アトム(これ以上分けられない)
万物は無数のアトムが
空間の中で動き、ぶつかり、
つながって、それぞれの
カタチ・性質になっている
デモクリトス

無数のアトムがこの空間で動き、ぶつかり、つながって、いろいろなものになっていくという考えを発表したのです。

何もない空間があると認めたということからして、画期的なことでした。宇宙船も飛んでいる今、私たちは、宇宙は物など何もない空間だと簡単に認められます。でも、何もないものがあると言えるなど言語矛盾だとしか考えられなかった、パルメニデスのいた、言葉中心で考える時代、要するに大昔ですから、この考えは画期的でした。

しかもアトムときたら、地水火風のように、自分独自の性格を持つこともありませんでした。何もないところで、性格のないものが動き回り、性質を手に入れ、何者かであるものになるなど、この当時の普通の人にとっては無理な考えでした。

このような他の人に理解不能なことを主張した彼が、故郷から離れていった先がなんと、イタリアなどではなく、アテナイだったのです。

そして、そのころアテナイで活躍していたソクラテスについて、「デモクリトスはソクラテスのことを知っていたけれど、ソクラテスのほうはデモクリトスのことなど知らなかったらしい」と、『列伝』では言われています。その理由として、「というのも、デモクリトス自身が、『私はアテナイに行ったけれど、誰ひとり私に気づいてくれたものはいなかった』と述べているのだから」とも書いています。

本当はどうだったにしろ、新しい意見を持った人が、アテナイを目指し始めたことには気づきます。これが、プロローグで私が言おうとした、紀元前5世紀のアテナイの学問の繁栄ということです。

ひとかどの意見を持った人々は、この世紀になるとアテナイを目指すようになる、それが、アテナイでの「学問の繁栄」を象徴しているのです。

ソフィストたちの活躍

ソフィストたちというのも、そういった繁栄するアテナイにやってきた人たちでした。

このソフィストという言葉は、今でも英語などのなかに残っていて、日本語では詭《き》弁《べん》家、屁《へ》理《り》屈《くつ》家などと訳されますが、同じ言葉からできたソフィスティケイテッドという形容詞は、「洗練された」「教養のある」などと訳されています。屁理屈家だって美しく屁理屈をこねることもできるわけで、それには、それなりの洗練された教養が必要だということなのだと思います。

そのソフィストたちは、もともとはアテナイ以外の都市の人たち、しかも、紀元前5世紀の繁栄しているアテナイを目指してアテナイにきた人たちです。

そのころのアテナイは直接民主制でした。だとすると、自分の意見をポリスに採用してもらうには、なんとしても、**弁論術**が必要になります。弱い論でも、強くできるという技です。それを標榜《ひょうぼう》してやってきた「ソフィスト」の活躍の場、それがアテナイでした。

多くのソフィストたちがやってきました。その人たちについては、先ほど挙げた『列伝』の最後のほうに載っています。なかでも、有名なのは、**プロタゴラス**（紀元前500～前430）、あのデモクリトスと同じアブデラの人です。

彼の有名な言葉として、「万物の尺度は人間である」というのがあります。近ごろの人間を見ていると、傲慢《ごうまん》で、何でも自分の都合のいいように変えることができるというふうにふるまっていますから、現代人の先駆けかなあとも思えますが、それとは少し違います。彼の言っているのは、人間といっても、個々の人間ということで、個々の人間が尺度なのです。人類とか、ある特定の偉い人が尺度ではないのです。

とすると、人の数だけ真理はあるということにもなります。一つの絶対的な真理が

ソフィストたちが活躍できた背景

当時（紀元前５世紀）のアテナイは直接民主制だった

教養があり、論理的で、**弁論術**に長け、
人々を説得できたほうが勝ち!

あるのではないのです。これはいわゆる、**どの意見も同じように正しく、同じように間違っているという、相対主義の考え方**です。

それで、もし世の中に絶対的な真理などなく、すべて相対的なものであるのなら、民会などで賛同票を集められるのは、自分の主張が真理、あるいは正義だからではなく、うまく説得できる技をもって語っているかどうかにかかることになります。だから、彼はその技を教えようと言ったのです。もちろん、お金を取ってです。言ってみれば、プロタゴラスを含むソフィスト集団は今の教師の先駆けでもあるのです。

ソクラテスを自分の喜劇『雲』に登場させた、喜劇作家**アリストパネス**は、そういった流行に苦い顔をしていました。彼は、そういった新しい流行が嫌いな、言ってみれば昔のアテナイは善かったと思っている保守派の人間でした。そしてもちろん、当時のアテナイには、そういう人々もまだたくさんいたのです。

ソクラテスが、のちに彼の裁判で、自分が死刑になるのは、『雲』のなかで、ソクラテスがソフィストの親玉のように書かれているからだと言っているのも納得いく話です。

人間尺度命題

ところで、先ほど挙げたソフィストの親玉の一人、プロタゴラスの主張、**人間尺度命題**というのが、ここではポイントになります。これが、ソフィストの活躍の大原則のはずです。

「万物の尺度は人間（一人ひとりの個人）」というのは、**言い換えれば、誰でもその時々、自分がそうだと思っているそのことこそ、間違いなく真理なのだ**という説です。だからこそ、何でも主張でき、何でも訴訟できたのです。そしてうまく演説できる人の、今の言葉で言えば、うまく演説できる弁護士が付いたほうの勝ちとなるのでした。

でも、彼の言った「万物の尺度は人間である」には、その後があります。「あるものについてはあることの、ないものについてはないことの」という、あまりわけがわからない補足です。この後私が書く、熱いコーヒーの例を読んでみてください。熱くある（＝熱い）のか、熱くないのかは、縮めて言えば、あるのかないのかは個々の人間が尺度だと言っていることになるのです。

「人間は」というのが、「人類は」ではないことはすでに申し上げておきました。むしろ現代だったら、「人類は（人類こそ）万物の尺度である」なんて言葉こそ流行りそうで心配です。人間は遺伝子の操作だってするじゃありませんか。そのうち、すべてのもの＝万物は、人間に勝手に遺伝子をいじられてしまい、人間のためのものになってしまうのではないかと心配です。人間のための肉牛に、角があっては不便です。人間を傷つけるかもしれません。肉はたっぷりと、でも脂身は少なく。こういう牛だけが牛として残されていくのです。こんなことが起こっていいものでしょうか。考えただけで人類の一員を、要するに、人間をやめたくなります。

でも、プロタゴラスは古代のギリシャ人です。遺伝子なんて知りません。今挙げたような、肉牛の話など知りません。彼の言った人間とは人類などではなく、人類としてまとまることのない個々の人間のことでした。では、個々の人間が万物の尺度だというのはどういうことでしょうか。

たとえばこういうことです。私は個々の人間の一人です。その私が、コーヒー店に来て、コーヒーを頼み飲もうとしています。カップに唇をつけると、熱い！　どうにもならないくらい熱いのです。こんなものは熱くて飲めない。私はコーヒー店の主人に文句を言います。すると主人は、「皆さん喜んで飲んでいかれますよ。ほら、そこの人だって」と言うでしょう。そのとき私はどうするでしょう。「もしかして私、ネコ好きだから、猫舌なのかも」と思って、黙って引き下がりますか？

プロタゴラスに応援を頼めば、物がどうあるのかを決める尺度は個人なのですから、私が「熱い！」と思えば、それは間違いなく熱いのです。なにも、「猫舌かしら」などと妙な反省をしなくていいのです。ということになると、熱くあるか、熱くないかは、個人が決めるのだということになるわけです。

だから、**すべて、世の中にあるもの、あることは、そしてその反対のないもの、ないことも、私が尺度になって決めていけるし、いかなくてはならないし、いけばいいこと**なのです。とすれば、私には間違いはないのです。私は堂々と私の意見を掲げて歩けばいいだけです。

でも、よく考えると心配になります。私は「人間」です。物事の尺度です。でも、このコーヒー店の主人だって、見た目絶対に「人間」であり、彼も尺度なのです。そして二人は今、コーヒーについて別の意見を持っています。**プロタゴラスの見解に従えば、どっちも尺度ですから、どっちも間違いではない**のです。

二人が別々にぼやいている間は、「尺度命題」は有効です。熱いと思っている人はそう思っていればいいし、ちょうど良い温度だと思う人はそう思っていればいいのです。でも、もし私が、コーヒー店の主人に、「飲めないコーヒーを売りつけたのだから、コーヒー代を返し、慰謝料も支払ってくれ」と言ったらどうなるでしょう。コーヒー店の主人は絶対認めないでしょう。そうです、訴訟になるのです。

そして、実は、プロタゴラスの出番は、ここにもありました。要するに、彼はこの訴訟の「弁護士」になるのです。**どっちの弁護だろうとできる**はずです。彼の主張は、どっちが正しいかなんて決められない、それぞれそう思っているのだから、どっちも正しいということになるからです。彼は当然、弁護料を高く払ってくれるほうに付くでしょう。

そういうことなのです。プロタゴラスはソフィストの親玉として、ソフィストの術を駆使し、訴訟を勝ち取っていきました。そして、他の多くのソフィストたちも、彼に倣《なら》い、アテナイの地でこういった活動を繰り広げたのです。アリストパネスの『雲』は、そういった事情を、保守派の一人として、苦々しげに喜劇仕立てで訴えたのでした。

プロタゴラスの人間尺度命題の例

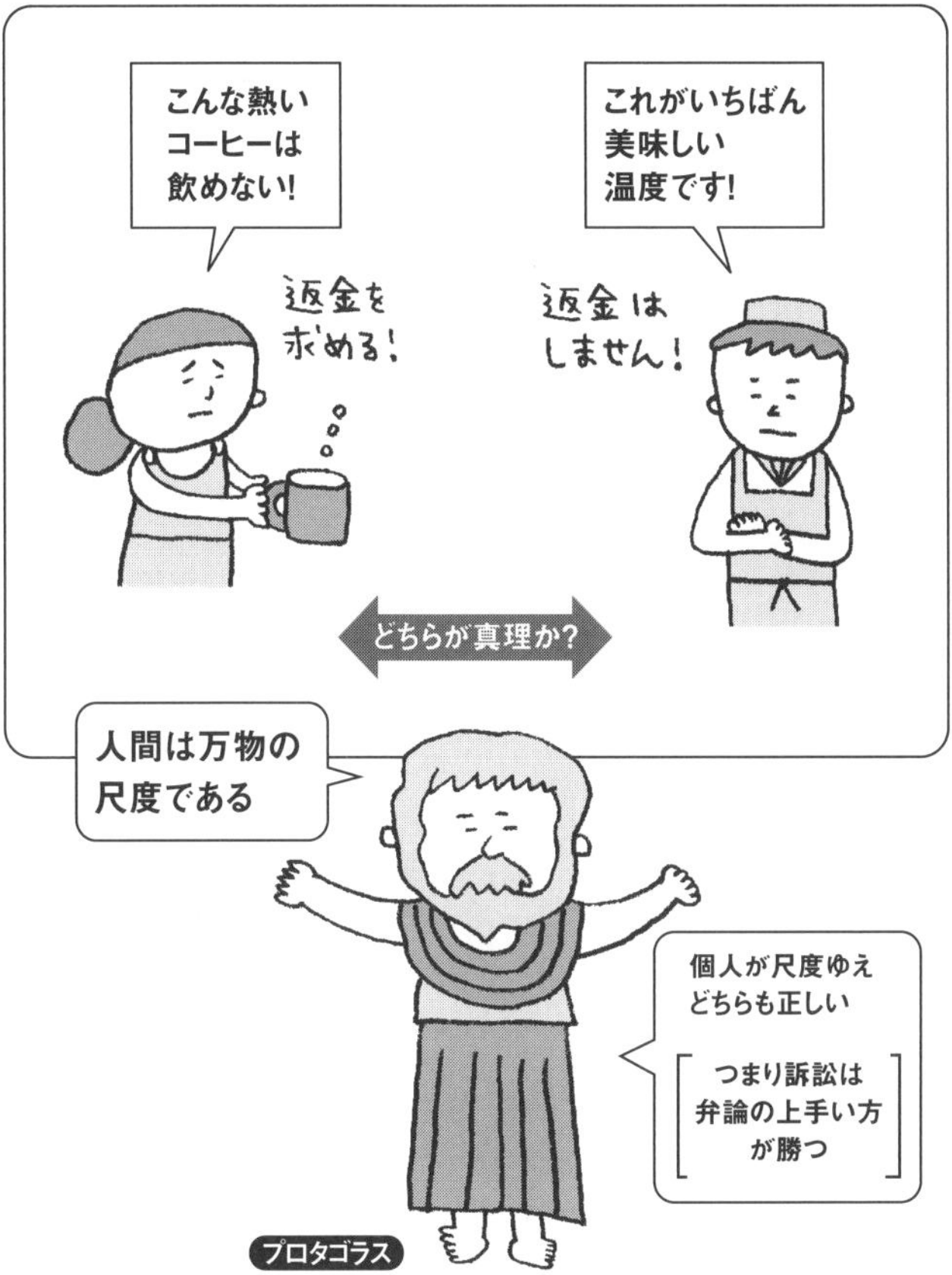

そしてソクラテスの登場

ソフィストたちの技は、こういった訴訟事件、そして民会での法案成立の成功に関わっていたのですが、それは、当時の裁判も政治も、民衆の直接参加、直接投票によって事柄が決められていったからです。

前にも言いましたように、そのときのアテナイは**直接民主制**をとっていました。政治的に言えば、それは今の日本の間接民主制と違って、党派があり、党首がいるという形はとりませんでした。**みんなが勝手に集まって、勝手に自分のしたいことを壇上で述べればいい**のです。だから、逆に言えば、ある法案を通そうとすれば、「民会」で壇上に上がり、自分でその法案がよいことを論じなければなりません。

大体こういうとき、民衆は刺激的な発言にワーッと飛びつき、そちらに流れていくものです。飛びつきたくなるようなことを、飛びつきたくなるような言葉でしゃべることができなくては、法案を通し、政治に関わることなどできません。だから、アテナイ市民の親は息子を、そういった技の達人、要するにソフィストのところに、技を習わせに入門させたのです。多額のお金を持たせてです。そういった技の教師として、ソフィストはアテナイで稼いでいったのでした。

そのアテナイで、同じころ、アテナイ市民として生きていたのが、ソクラテスでした。哲学なんて興味のない人でも、名前は知っているという人は多いでしょう。

ソクラテスの何が哲学なのか。ソクラテスってどんな男なのか。なぜ、2500年も後の今になってまで問題にされるのか、などいろいろあると思いますが、少しずつお話ししていきたいと思います。

先ほども言いましたように、**ソクラテスという人は、詩も詠わないし、何も自分では書かなかった人**なのです。自分の考えを詩にして、他人に覚えてほしいなどと思っていなかったのかもしれませんし、紙代が高かったからかもしれません。物を書くことが上手でなかったということもありかなとも思います。とにかく、彼の詩とか、彼の書いたものなどは何も残っていないのです。とはいえ、このころの偉い人、たとえば、孔子（紀元前552頃〜前479年頃）、釈迦（紀元前463〜前383年）、少し時代が下がりますが、イエス・キリスト（紀元前4〜後28年頃）も、みんな自分では本を書いていません。

でも、ソクラテスのことを書き残した人はいました。弟子筋にあたる、**プラトン**です。彼もアテナイ市民であり、有名な哲学者です。彼のことは次の章で詳しくお話ししたいと思いますが、なんと彼は、ほとんどの作品（対話を使って話が進んでいくので「対話篇」と言います）を、ソクラテスを主人公にして書いたのでした。そして、自分の名はたった三か所に出しただけでした。

プラトン以外にも幾人か、ソクラテスを主人公、または主人公に準じる形で書いた人々はいました。クセノポンとか、『列伝』を書いたディオゲネス・ラエルティオスなどですが、ソクラテス存命中に、ソクラテスを主人公として喜劇を書いたのは、先ほど挙げた、あのアリストパネスです。

確実ではないとしても、ここに出てきた、ソクラテスのことを書いた人の生没年を挙げてみましょう。

ソクラテス（紀元前469～前399年）
アリストパネス（紀元前445～前385年）
クセノポン（紀元前430～前354年）
プラトン（紀元前427～前347／8年）
ディオゲネス・ラエルティオス（180～240年）

アリストパネスが最もソクラテスに近い年齢です。そのアリストパネスは、アテナイの有名な喜劇作家でした。

アリストパネスの描くソクラテス

アテナイでは、悲劇の祭典と喜劇の祭典がありました。別々ですが、両方とも三人の作家が市民の前で自分の作った作品を上演し、投票の結果1位、2位、3位を決めたのです。

悲劇のなかの悲劇として有名な、ソポクレスという名高いアテナイの悲劇詩人が書いた**『オイディプス王』**を知っていますか？　後にといってもだいぶ後、19世紀から20世紀にかけて活躍したオーストリアの心理学者フロイトが、この悲劇の主人公の名を取ってつけた有名な概念、エディプスコンプレックスというのをご存じかと思います。ギリシャ語のオイディプスというのは、現代ヨーロッパ語ではエディプスと発音されます。

喜劇のほうでは、現在でも使われるような、有名な概念になるほどのものはありませんが、もしかすると**『女の平和』**（紀元前411年上演）なんていうのは聞かれたことがあるかもしれません。長々と戦争ばかりして、家を空けている男どもに頭にきた女性が、平和条約を結んでこないかぎり、家に帰ってきてもセックスはなしよとばかり、団結してセックスストライキをする話です。事実このころ、アテナイは、ペロポネソス戦争という、長い戦争に突入していたのです。この『女の平和』を書いたのがアリストパネスです。

その彼が、それより10年ほども前に書いた**『雲』**（オリジナルは紀元前423年、何度か書き換えあり）という喜劇に、ソクラテスが主人公で登場するのです。**哲学者としてではなく、弱い議論を強い議論に変える技を持つソフィストの親玉として**です。

弱い議論を強くするというのは、言おうとする内容の正・不正にかかわらず、議論に勝つ方法を教えようということです。困るのは、もちろん、不正を良しとする強い議論を展開できるということでしょう。これが、自分が裁判にかけられる一つの原因になったのだろうと、プラトンの書くところのソクラテスは法廷で述べています。

先ほども言いましたが、喜劇作家アリストパネスは、昔のアテナイに憧れている人でした。だからアテナイの人が、ソフィストというような、外から来たあやしげな、

古代ギリシャの三大悲劇詩人

エウリピデス

紀元前485頃
～406年
【主な作品】
『メデイア』
『アンドロマケ』

ソポクレス

紀元前496～406年
【主な作品】
『オイディプス王』
『アンティゴネ』

アイスキュロス

紀元前525～456年
【主な作品】
オレステイア3部作
『アガメムノン』
『コエポロイ』
『エウメニデス』

そして新しげな考えに染まるのが嫌でした。そして、生粋《きっすい》のアテナイ人のソクラテスを、ソフィストの一人として描くことで、自分の持っている古いアテナイ回帰への想いを伝えたかったのでしょう。

でも、それを、ソクラテスを主人公にして上演したのは、やっぱり無理がありました。ソクラテス自身は、弱い論を強くできる技など持っているとは思ってもいませんでしたし、だからそれを教えるなんて言いっこないからでした。この喜劇は、最下位の3位にしかなれなかったのです。その後、何度か書き直したと言われていますが、どうも成功しなかったようです。

ところで、『雲』のなかでアリストパネスは、ソクラテスに、雲の女神たちからもらったものとして七つの事柄を挙げさせていました。二グループに分かれているのですが、一つは、**知識、知性、対話**です。そしてもう一つは、**わけのわからぬおしゃべり、婉曲《えんきょく》話法、言葉の押し付け、言葉の受け流し**です。

後半の四つは、ソフィストが弟子に教えることを約束した項目と言われています。でも、前半の三つ、これはどう考えても、ソフィストの言いそうなことではないでしょう。知性とか知識というものがあったとしたら、知性とか、知識といったいわゆる客観的なものをバックに持った意見こそが真理である、あるいは正しいということになるでしょう。そうなれば、演説のうまさで相手を丸め込めなくなります。弁護士としてのソフィストの活躍の場が狭くなります。

アリストパネスはなぜ、このような知識、知性などを挙げたのでしょうか。そうです。これこそ、ソクラテスが折に触れて言っていたことで、それをアリストパネスが聞き知っていて、ここに登場するソクラテスに言わせたのではないか。多くの観客たちにも、なるほどそう言えば、ソクラテスはそんな単語をよく会話のなかで言っていたっけと思わせるために入れたものではないかと思われるのです。アリストパネスが、ソクラテスに、ソクラテスの使う言葉をソフィストの売り文句に混ぜて言わせているのではないかという推測です。

でもそうなると、ここで三つ目に言われている「対話」はどうなるのでしょう。ここで言われている対話とは、ギリシャ語で dialexis《ディアレクシス》です。この言葉は、dialegesthai《ディアレゲスタイ》、「**話し合うこと**」とか「**論じあうこと**」とか訳される動詞から作られています。そして、実は、この dialegesthai という言葉は、あの『列伝』のソクラテスの項目の最初のほうにも三回出てきていました。そこでは「論じあう」とか「問答相手」などと訳されています。

この**「論じあうこと」は、特にソクラテスを特徴づける単語だった**のではないでしょうか。

ソクラテスは、プラトンの『ソクラテスの弁明』の最初のほうでも、裁判員諸氏に、自分が、アリストパネスの言うような事柄について、「論じあっている」のを聞いたことがあるか、「話し合って」みてほしいと言っています。

裁判員諸氏がちゃんとソクラテスの頼み通りにしたかどうかは別にして、アリストパネス自身も、『雲』のなかで、劇中劇の形で「論じあう」場面を入れています。ただそれは、「論じあう」形に見せかけて、ソフィスト流の、あの四つの要素を駆使しての正論と邪論との掛け合いです。だから、正々堂々の論じあいというよりも、正当な弁論を、それでも反駁《はんばく》できる邪論の繰り出す四つの技の開示ということになります。だからこそ、アリストパネスは、劇中劇で二人の「論じあい」が始まる直前、ソクラテスを退席させ、邪論の勝利が決まった後、再登場させる他なかったのだろうと思います。それは、こういった「論じあい」が、ソクラテスの dialexis には不似合いだとアリストパネスも了解していたのだとしか思えません。

では、ソクラテスをソフィストの親玉として描いたアリストパネスは、何かソクラテスに悪意を持っていたのでしょうか。

この二人が、本当に仲が悪かったのかどうかはわかりません。でも、プラトンの描く、恋=エロス神を称える作品『饗宴《きょうえん》』では、この二人もこのエロス讃歌を語る会に参加していました。

もちろん、二人の意見は異なっていました。何しろ、アリストパネスの見解は奇想天外。昔、まん丸くくっついていた人間が神の手で二つに切り分けられ、二人にされた。その二人が元に戻りたがるのが恋だというのですから、面白いとして拍手喝采《かっさい》を浴びたでしょう。そして、ソクラテスが語ったのは、昔巫女《みこ》のディオティマから聞いた話、**美に憧れるエロスは美を持たないもの、だから神などではありえない**といった話でした。

意見の異なるこの二人は、だから仲が悪いなどというのは早計です。古代ギリシャでは、このようなお話し会のとき、そんなことで相手と仲が悪くなったりはしません。だから、この饗宴が終わった後、夜明け前までこの二人、ソクラテスとアリストパネス（本当はもう一人、悲劇作家アガトンも入れて三人です）は、仲良く話し合っていたのでした。

もちろん、ソクラテスの特質として、「論じあい」を入れたところなど、さすがアリストパネスはよく見ていると言えます。でも、いくら同時代人だとはいえ、アリストパネスの書いたものだけから、ソクラテスを理解するのは少し無理があるような気がします。

とすれば、哲学者ソクラテスを考えるには、やはり同業者である哲学者の描写を手掛かりにしたほうが、穏やかにいくのではないかと思われます。

クセノポンの描くソクラテス

哲学者が哲学者を書いた、といったところで、哲学者とはどういう人たちなのか、わかったものではありません。それまでの哲学者だったら、詩で語るはずなのに、ソクラテスは、詩なんか語りません。

少なくとも、プラトンは、ソクラテスに詩で長々と見解を語らせるようなことはしていません。そこにだって問題は出てきます。自分も哲学者、師も哲学者、それなのにどうして、書こうとすると、あるいは語らせようとすると、朗々と歌いあげる姿などにならないのかということです。

もちろん、詩で哲学を語る時代は過ぎて、ソフィストなどの登場で、他人を摑《つか》まえて自在に語ってみせる、そんな時代になったということなのかもしれません。でも、そうだとしても、ソクラテスとプラトンが、どうして、少し古くても伝統的に、哲学を詩で語ることを選ばないで、自分たちがあまり認めていないソフィストのような、散文の形で語ろうとし、あるいは語らせようとしたのでしょうか。まるでそれでは、『雲』の、ソクラテスのようではないですか。あの喜劇では、コロス（合唱隊）の雲たちは詩を歌っていましたが、ソクラテスのセリフは、詩ではない普通の言葉でした。

そこで、プラトンの描くソクラテスという話になるべきなのですが、ほとんどソクラテスの同時代人と言ってもいい、しかも、哲学者と思われていた気配もある、クセノポンの描くソクラテスのことも見、そして時代は下りますが、ラエルティオスの描くソクラテスも見ておきたいのです。**二人の描くソクラテスが、哲学者ソクラテスにはそぐわない気がするのは、なぜなのか**、その点を見ておいて、プラトンの描くソクラテスに入りたいと思います。

クセノポンは、ソクラテスについて、3冊の本を書いています。そのなかでは、ホメロスからの引用の詩が出てくることもありますが、それはあまり全体に関係がなく、ソクラテスの哲学は、普通の言葉で語られていきます。彼のソクラテスも普通の言葉で語っているのです。

ソクラテスに関わる彼の本は**『ソクラテスの思い出』**、**『ソクラテスの弁明』**、**『饗宴』**です。後に述べるプラトンの作品と比べやすいので、ここでも、『弁明』に書かれたソクラテスを見てみたいと思います。

クセノポンは、ソクラテスの刑死の年に、将軍として海外に出ていてアテナイにはいなかったようなのです。そこで彼の『弁明』は、ヘルモゲネスという、ソクラテスの死刑の日にもそばにいた、ソクラテスの弟子の一人から聞いた話として、書かれています。

その話のなかで気になるのは、ソクラテスがカイレポンから聞いた、デルポイの神《しん》託《たく》の話をするところです。

ソクラテスの信奉者のカイレポンは、大勢の人のいる前で、デルポイの神アポロンに、ソクラテスについて尋ねたとき、アポロンは「**人間のなかで彼ほど自由なものはいないし、正しいものも、分別あるものもいない**」と、答えたと話しているのです。

この話を、裁判のときにソクラテスが言ったということは、ソクラテスから弁明を聞くために席にいた裁判官を怒らせ、騒がせたのだともヘルモゲネスは報告しています。たぶん、裁判官たちは、このソクラテスの言葉を彼の大言壮語《たいげんそうご》としてとらえ、クセノポンは、それが、彼に死刑を宣告する要因になったのだと考えていたようです。

でも、この話で不思議なのは、クセノポンの描くソクラテスが、このアポロンの神託を素直に受け入れ、それを秘密にしておくどころか、なんと裁判の席で語ったということです。

ソクラテスがその神託を素直に受け入れたということなら、裁判にあっては、もっと別な念の押し方、自分はそれを受け入れるほどに神託を信じる、信仰心厚い男なのだ、とでも言うべきではないですか。

ディオゲネス・ラエルティオスの描くソクラテス

紀元前5世紀、そして同4世紀になっても、アテナイはそれなりに栄えていましたから、先ほども言いましたように、アテナイへ、いろいろな考えを持つ人たちが各都市からやってきて、自分の意見を語り、賛同者を得て、弟子をとって金を稼いでいたということは確かです。そのなかでも人気の分野が、ソフィストの弁論術でした。

哲学者ソクラテスも、当然、言葉に関心を持っていたのです。もちろん彼の場合は自分で書いたりはしませんから、語る言葉です。彼の言葉のユニークさについては、ディオゲネス・ラエルティオスが、**『列伝』**のなかにいくつも収録しています。

たとえば「ソクラテスは、人の生き方を論じあった最初の人だった」「だが、その探求の際、論じあうにしたがって、しだいに強く無理強《じ》いするようになり、相手は怒って、彼をげんこつで殴ったり、髪の毛を抜きとったりしたが、ソクラテスは我慢していた。足蹴《あしげ》にされたときさえ、彼は我慢していたので、ある人がびっくりしていると、彼は言った。『蹴ったのがロバでも、裁判所に訴えるのかい』」。

ソクラテスの、相手に敵意を感じさせる、この論じあう際の異常さについて、ラエルティオスはさらに付け加えて、「ソクラテスは出征する以外は、自分の国アテナイを出ることなく、そこに留まって、問答相手とともに、彼の負けん気を募《つの》らせながら、探求を続けたのだが、それは、**彼らの持つ意見を取り上げ、捨てさせるためではなく、真実を究めさせるためだった**」と、ソクラテスの無理強いにも近い、「負けん気を募らせながら」の激しい議論の仕方を弁護してはいるのです。

でも、相手に敵意を感じさせるような議論をして、どうして相手に真実を究める気にさせることができるのでしょう。しかも、相手に聞こえないところであったとしても、その相手を「ロバ」に例えているのです。相手は、自分たちをロバに例えるようなソクラテスの、優越感と言ってもいい、自分たちをバカにした態度を感じ取っていたのではないでしょうか。

彼が**クサンティッペ**について語っているところなども、何か違和感があります。クサンティッペとは、ソクラテスの奥さんなのですが、彼女がソクラテスに向かって、まずがみがみと小言を言い、それから水を浴びせかける場面が語られています。そこでは、そのクサンティッペに対して、ソクラテスは「僕は、クサンティッペがごろごろ鳴り出したら雨が降るよと言っておいただろう」と言ったというのです。彼女がそのようにきつい、個性ある人だったかどうかはわかりません。

ついでなのでここで、プラトンの書いたクサンティッペを見てみましょう。プラトンは一か所だけでしか彼女のことに触れていません。それはソクラテスが今日死刑になると通告された、その席にいた彼女のことです。

彼女は、普通の女の人が言うようなことを言い、泣き叫んだとプラトンは書いています。女の人だったら誰でもするようなことをしたのですから、特別どうということはありません。でも、たぶん、彼女がそこにいることは、ソクラテスにとってはうるさかったのでしょう。何しろこれから高尚《こうしょう》な話をしようとしているのですから。そこで友人のクリトンに向かって、彼女を家に連れて帰ってほしいと頼み、クリトンは、自分のうちの召使いに、クサンティッペを家まで送らせたとあります。

プラトンの描くクサンティッペは、いかにも普通の女の人で、雷のようなクサンティッペとはあまり重なりません。でも、普通でないだけにこの、『列伝』に出てくるクサンティッペの話は面白いかもしれません。とはいえ、何度も読んでいると、気になってきます。面白い話として読んでいるのですが、話があまりにもストレートすぎませんか。ソクラテスは、このような激しい「論じあい」をして、いったい何を目指していたのでしょうか。

そういえば、ここで挙げた**ソクラテスの言葉は、どれも最後は、一方的な、相手への配慮のない、いやがらせにも似た、負けん気からの捨て台詞**に見えます。『列伝』が書かれたのは紀元後3世紀。そのころになると、こういった捨て台詞こそ、半分世捨て人に見える哲学者の腕の見せ所になっていたのかもしれません。でも、それでは「論じあい」たいと言って、話し合おうとするあのソクラテスにそぐわないのではないでしょうか。

「無知の知」の発見

問題は、ここからです。いよいよプラトンが登場するのですが、そして、**『ソクラテスの弁明』**と言えば、私たちは、クセノポンの本よりまずプラトンの本を考えるはずです。言ってみれば、哲学者ソクラテスのことを語る際に問題にしなくてはいけない、本命の、哲学者プラトン、そのプラトンの書いた『ソクラテスの弁明』です。

『列伝』を書いたディオゲネス・ラエルティウスは、哲学というのは三部門に分かれていて、第一の「自然学」はタレスが、「倫理学」はソクラテスが、「論理学」はエレアのゼノンがまず取り上げたと言いました。

タレスについては、彼がなぜ自然学に手を出したか見ておきました。では、ソクラテスはなぜ、倫理のことを最初に取り上げた哲学者とされたのでしょうか。

倫理は**人の生き方**のことです。タレスの場合と並べて語ろうとすれば、問題になるのは、あの厄介《やっかい》な「神託」のことではないでしょうか。神の声が、しかも内容のあまりはっきりしないことを語る神の声が、人間を脅《おびや》かすのです。この「神託」というものをどうするのか、それは、ソクラテスにとっても大きな問題となったはずです。

神託の話を考える格好の材料は、先ほどのクセノポンの『弁明』に出てきたあの神託の話です。同じ神託をプラトンもソクラテスに語らせているのです。ただ、同じ神託なのに、話が違う方向に動いていきます。

カイレポンのもらった、あの神託について、『ソクラテスの弁明』のなかではこう語られます。

「或るときデルポイに行ったカイレポンは、ソクラテスについての神託を求めました。彼以上の賢者がいるかと。巫女は、彼以上の賢者はいないと答えたのです」

ここまでは、ほとんど同じ展開です。ここから先が違ってきます。

『ソクラテスの弁明』では、神託のところ以外でも、ソクラテスの議論の決め手として、dialegesthai《ディアレゲスタイ》（話し合い）系の言葉が出てきます。この言葉こそ、アリストパネスもソクラテスの特徴として言っていた、あの dialexis《ディアレクシス》の元の動詞なのです。

ソクラテスは、これを自分の生き方を指す重要な単語として出したのでした。「話し合い」あるいは、「論じあい」です。**ソクラテスは、自分の周りの人々と「話し合」い、自分の生き方を、そして、そうすることによって周りの人たちの生き方も吟味していった**のでした。

でも実は、彼はそれ以上のこともしていたのです。あの、もたらされた神託に、です。彼はあの神託には納得できませんでした。そこで、彼はどうしたか。相手は神です。わけのわからないことしか言わないとしても、とにかく神なのです。

ソクラテスは、迷い、考えたのです。神が嘘をつくはずはないのです。でも、どう考えても、自分は賢者ではないのです。いったい、どういうことなのでしょう。やがてソクラテスは思いつきます。賢いと言われている人々を訪ねてみることです。そして、一人でも賢い人を見つけたら、神様に言うつもりだったのです。私より賢い人がここにいるではないですか、と。

これは、変形されているとはいえ、「話し合い」の一種です。ソクラテスは、なんと、ここで神まで、「話し合い」の最終段階の相手にするはずでした。

でも、この試みは無駄でした。話し合ってみるとその相手は、他の人に賢いように思われているし、自分自身も賢いと思っているのだが、実はなにも知ってはいない。それればかりではなく、知っていないということにさえ気づいていない。要するに、知っていないということさえ知らないのだ、それに反して、自分は、知っていないことを知っているのだ、という「**無知の知**」の発見となったからでした。

これが、彼の生涯のモットー「無知の知」の発見だったのですが、それ以上に大事なことは、神託に対する彼の態度です。

前に申し上げたように、神託というのは、神々の他の行為以上に、人間の生き方に重くかぶさってくるものでした。逃げようとしても逃げられない神託。逃げたつもりでも、見事に嵌《は》められてしまう神託。その神託を、**ソクラテスは、話し合いを図ることによって、自分にも納得のいくものに変えた**のでした。これが、神託とも、そして神とも、打ち解け、話し合って、自分の正しい生き方を見つけてみるという、ソクラテスの、タレスにも似た偉業だったと思われます。

タレスがなぜ哲学者だったかと言えば、この世を、無用な、そのうえ厄介な神を抜きにして、極めてみようとしたからでした。それは、その後何百年も続く哲学者たちの仕事となりましたが。

無知の知の発見

ソクラテス
以上の賢者は
いない
デルポイの神託
なぜだ!?
どう考えても
私は賢者ではない
さりとて神が嘘を
言うわけもない…
そうだ、
賢者と言われる
人々を訪ねて
みよう
ソクラテス
○○とは
何だろう?
あー、
知ってる
知ってる
コイツも
知ったかぶりか…
私は自分が
無知であることを
知っているぶんだけ
他者より賢いのか!

そして、ソクラテスも哲学者だったのです。彼の場合は、神を自分の生き方の決定からのけようとしたのではありません。でも、神に無条件で従おうとしたのでもありませんでした。**神さえ自分との話し合いに呼び込んで、自分の生き方を、互いの話し合いで決めようとした**のでした。

それはソクラテスが、人間に圧力をかけている神の仕事、あの「神託」を、話し合いという形で、自分の味方にしたということです。

これはもちろん、プラトンの書くソクラテスの話です。だから、クセノポンの書くソクラテスのほうが、歴史的なソクラテスに近いのかもしれません。でも、もう一人の哲学者、しかも今となっては、本当の哲学者として考えられている、プラトンの描く哲学者ソクラテスを相手に、哲学者ってどんな人？　ということを考えていくほうが、哲学者ソクラテスにたどり着く近道になると思ったのは以上のようなわけもあったからなのです。

プラトンの描くソクラテス

「ソクラテスは、裁判にかけられた最初の哲学者で、死刑になった、これまた最初の哲学者だ」というのは、『列伝』のなかに出てきた記述ですが、確かに、紀元前399年に彼は裁判にかけられ、死刑になったのです。

蛇足ですがこの当時の死刑は「すりおろした毒（多分毒ニンジン）」を飲むことで行われていたそうです。ソクラテスは平然と飲みほし、最後に、友人のクリトンに「アスクレピオスに鶏を一羽お供えして」と言って、死んでいきました。アスクレピオスとは、医療の神で、古代ギリシャには病気が癒えるとアスクレピオスに鶏を一羽供えるという風習がありましたが、ソクラテスは逆に、「生きていることは魂が病んでいることであり、だから、死ぬことによって病から癒えるのだ」と言いたかったのでした。

そのソクラテスが裁判にかけられた件について、プラトンの言うところによれば、ソクラテス自身は、彼への告訴のわけは二通りあると考えていたことになります。

一つは、昔から彼に対して言われていたことで、彼は「**天上地下の事々を探求し、**

弱い論を強くする」と言い、それを他人にも教えているという、ソフィストの親玉だというもので、これは、アリストパネスも言っていたことでした。

二つ目は、彼は「**国の認める神々を認めず、新奇なダイモンの類を信じている**」という愛国者メレトスが挙げているものです。

裁判の際に、この二つの告発に、ソクラテスはどう応じたのかを書いているのが『ソクラテスの弁明』で、次にそれを詳しく見ていこうと思います。

ソクラテスとプラトンの関係で問題なのは、プラトンの描くソクラテスが本物のソクラテスに似たものなのか、似ても似つかぬものなのかということですが、それについては、多くの研究者がいろいろ言ってくれています。ただここではそういった厄介な議論は置いておき、哲学者プラトンなら、哲学者ソクラテスをどう描くのか見てみたいと考えての試みをしていきます。

ところで、アテナイの裁判ですが、アテナイには、裁判官という専門職はありませんでした。だから、今の日本の裁判員裁判（裁判官三人＋裁判員六人）のなかから、三人の専門家を除いて行われる裁判というわけです。ただ人数は、一裁判につき裁判員六人などというケチなことはありませんでした。**抽選で選ばれた六〇〇人の市民が**

裁判員です。この六〇〇〇人が、多くの裁判にそれぞれ割り振られていくわけです。

裁判の件数は、個人間の争いごとは私法裁判ということで一日に四件でしたが、国家全体に関わるものは、公法裁判ということで一日一件でした。ソクラテスの場合は、後者ですから、一日がかりで行われたものと思われます。公法裁判の場合は、重要な案件だと、なんと六〇〇〇人全員が裁判員となったそうです。

ソクラテスの裁判の裁判員は五〇一人でした。となると、日本の最高裁判所の大法廷でさえ、裁判官席は一五人分、傍聴席を加えても五〇一人は無理です。当然ですが、**裁判は野外で行われる**ことになります。

専門家抜きの、五〇一人での屋外での裁判は、どうなることか心配です。大体、マイク一本ないのです。ソクラテスの弁明にしろ、訴追者の演説にしろ、裁判員は本当に聞くことができたのでしょうか。ただ、彼らは直接民主制下で、野外で開かれる民会に出席し、賛成・反対の投票をしているのですから、野外で行われる演説を聞き取る力は養われていたのかもしれません。

そういう環境でなされたという設定の『ソクラテスの弁明』。そのなかで、ソクラテスは、あの、アリストパネスの喜劇『雲』を、自分の今回の告訴状の根底にあるものだと言っているのです。

前述のように、この喜劇は、この時代にアテナイで流行っていたソフィストの技がやり玉にあがり面白おかしく批判されるというものでした。そして、そのソフィストの術を教える親玉ソフィストがソクラテスという設定でした。

そうだとしたら、『弁明』のなかでソクラテスが言っている、自分が長いことずっと、論じあっていたこととは何についてなのでしょうか。天上のこと地上のこと、弱い論を強くすることなどについて論じたことがないというのであれば、あとは、「生き方について」論じあったと言っている『列伝』の主張が適切だということになるでしょう。『列伝』では、そのうえで、それについて論じあおうとしたのは彼が最初だったとも言っているのです。

では、それをどういう仕方で行ったのか、このことについてまで『列伝』に従うわけにはいきません。繰り返しになりますが、『列伝』では論じあった挙げ句、相手を不快にしてしまうからです。ソクラテスが相手の顔色を見て、それに左右されて論じあうような人ではないことは、プラトンの作品のなかからも読み取れます。

たとえば、『弁明』のなかでソクラテスが、自分への罰は「迎賓館《げいひんかん》での食事」なんて皮肉を言ってみせるのは、どう考えても言う必要のないことでしょう。これは裁判であり、有罪が確定した後、どんな科料なら受ける気があるかを被告から提案させる場面でのことです。普通はここで、いくらいくらなら払う気がありますと言って、死刑とか追放刑を免《まぬが》れようとするところです。ソクラテスは今まで自分がしてきたこと、「一人ひとりの人を摑まえて、お金など取ることなく、**優れた善いものにすること、そして、自分にただ付随するだけのものは気にかけないようにすること**、そういったことを説得してきたのだ」と主張し、そういうことをしてきたものには、オリンピア競技会の馬術競技の勝利者と同じように、迎賓館での食事を提供してくれるべきなのだと言ったのでした。これで当然、不快感を覚える人が増え、その後プラトンたちが、一生懸命に罰金の金額を提示しても、死刑が確定することになったのでした。

どう考えても、場の空気が読めない、あるいは場の空気を（故意に？）無視するソクラテスです。こんなところは、議論の相手を不快にしてしまう『列伝』のソクラテスに似ているとも言えるかもしれません。でも、他人からはそう見えたとしても、本当はそうではありませんでした。プラトンの描くソクラテスには、**今一人の「話し合う」相手がいた**のです。場の空気が読めないのではなく、ソクラテスは、その最後の一人の忠告を聞く気だったのです。

それは、『弁明』のなかに出てくる**ダイモンの声**です。

ダイモンとは何者か

ダイモンのことは、『弁明』のなかで、ソクラテスの告訴人であるメレトスが、ソクラテスの罪状の一つとして挙げています。

メレトスが彼の宣誓供述書で述べている、ソクラテスの罪状の一つは、若者をダメにしているということですが、もう一つは、「ポリスの認めている神々を信じず、別の、新奇のダイモンの類を信じている」ことでした。ここにダイモンという言葉が出てきているのです。

ダイモンというのは聞きなれない単語かもしれません。でも、現代のヨーロッパ語でもかなり使われている言葉です。英語では、**デーモン**（demon、daemon）と言えば悪霊ですし、そこから発生して、demonic《デモニック》、demonism《デモニズム》などdemon-が付いている単語がたくさんあります。何かの折に見たことがあるかもしれない、デモーニッシュという単語はドイツ語で、鬼神に取りつかれたようなとか、超自然的な力を感じさせるような、といった意味です。

この言葉は、ギリシャ語に由来するのですが、紀元前8世紀の人と言われている**ホメロス**の作品のなかでは、ダイモンが、明らかに「神」を指している箇所があるのです。

たとえば、あの有名な『オデュッセイア』三巻の、オデュッセウスの子テレマコスに彼の父の消息を語るネストルの言葉のなかに出てくるダイモンは、どう考えても前後の関係から、大神ゼウスを指しているとしか考えられません。

こういうことです。トロイを陥落《かんらく》させてからの帰路のことです。それまで団結していたギリシャ軍が散り散りになってしまいます。それは「非情なゼウスが未だに、我々を帰国させるつもりはなかった」からなのですが、「そしてそのたくらみにオデュッセウスは乗ってしまった」わけです。ですが、ネストルは「自分は、ダイモンの悪い企てを知っていたので」、船を祖国のほうに進めたのだと言っているのです。ここのダイモンはどう読んでも、ゼウスです。

とはいえ、ソクラテスたちの時代です。このころになると、ダイモンの別の面、神と人間の間に生まれた、少しクラスの下がった、超自然的生物という面が強調されることになったようです。

でも、そうだとしても、ダイモンはダイモンですから、ダイモンを認めるということは親である神のことも認めることにつながるはずです。だからこそ、ソクラテスは法廷で、告訴人メレトスを対話に引き出して、自分がダイモンの類を認め信じているると言うのなら、自分は間違いなくそれの生みの親である神を認め信じていることになるのだよと突っ込んでいるのです。

ダイモンがこのように人間と神の間にできた子ということになると、ダイモンに新たな役割が生まれます。神が人間には直接関われないということになれば、**人間と神の間を取り持つもの**が必要です。これがダイモンということになるのです。

後の話になるのですが、プラトンは『饗宴』のなかで、ソクラテスがかつて教えてもらった話として、巫女ディオティマと語り合って理解したエロスの話を紹介しています。

この対話篇は当時の著名人が集まって、一人ひとり、エロスを称える話をするという趣旨で進んでいきます。もちろん、エロスということで他の人はみんな、女神アプロディテについて歩いているエロス神を考えて話をするのですが、ソクラテスの話のもととなった、ディオティマの語るところでは、美を追いかけているエロスは美を持っていないからアプロディテを追いかけているので、そんなエロスは美しかろうはずはなく、だから、神などではないのです、ということになります。「では死すべきもの（たとえば人間）!?」と仰天するソクラテスに、「とんでもない。偉大なダイモンです」とディオティマは続けたのでした。

ダイモンだから、神と死すべきものとの中間、そしてだからこそ、神からは人間への命令と返礼を、人間からは神への祈願と犠牲を伝達する役目を果たしているのだということになるわけです。

ダイモンとソクラテス

では、ソクラテスとダイモンは、その当時の人たちが考えているような当たり前の関係だったのでしょうか。メレトスが裁判で主張したような、「新奇な」点は本当に何もなかったのでしょうか。メレトスはソクラテスを非難したいばっかりに、何となく新しげなダイモンという言葉を出してみただけかもしれません。

でも、確かに、ソクラテスのダイモンには「新奇な点」があります。メレトスによる弾劾《だんがい》に対する反論の後、ソクラテスが、自分が個人的にはいろいろな人といろいろ論じあっているのに、ポリスに対して、提案したり、勧告したりしないわけを述べる箇所があります。

繰り返しになりますが、直接民主制のなかの話です。意見や提案がある人は誰でも演説できるのです。でも、何か意見のありそうなソクラテスが、こういった公の席で意見を言うことはなかったのでした。そのわけをソクラテスはこう述べます。

「神からのあるいはダイモンからの合図が起こるからです」

「それは子供のころから始まったもので、一種の声のようなものです。その声は私が何かしようとするときにそれを引き留めるのです。何かをするように勧めることは決してありません」

ソクラテスが、国家の問題に何も口を挟まなかったのは、この声に差し止められたからだと言うのです。

この阻止する声について、もう一度彼が述べるのが、死刑判決が決まった後です。小さいときから今まで非常にしばしばひどくつまらないことにまで、自分が適切でないことをしようとしたとき、あるいは言おうとしたとき、それに反対するダイモンの類のお告げが出たのに、**死刑になってしまうという今日、一度も出なかった**と言うのです。だから死刑の判決、あるいはその結果の死は悪いことではないのだと彼は断言します。

ソクラテスのダイモン、あるいはダイモンの類の者、もっと言えば、神との付き合いはこれなのです。彼らは何も、これをするようにとかあれをするようにとか、指示することはないのです。たとえ、クロイソス王への、曖昧《あいまい》な、だから惑わすことになった神託の言葉のようなものでさえ言わないのです。

ソクラテスが何をしようか、何を言おうか決心したとき、初めて、「神」は止めに入るか黙って見逃すかなのです。決めた後でも、いいぞ、やれやれと勧めてくれることさえしないのです。これはやはり異常なことでしょう。

言葉好きなソクラテス

では、カイレポンがもらった、「ソクラテスより賢い人はいない」という神託に、ソクラテスがどう付き合ったかを、もう一度、繰り返し考えてみましょう。

カイレポンから神託を聞かされたソクラテスは、納得がいかなかったので、無視できませんでした。無視できなかったばかりではありません。納得できないということを、自分も言葉にして神に言おうとしたのです。ソクラテスは、神に反論して、神の間違いを正そうとしたのでした。

神に反論するなんて、そんな不敬なことを古代のギリシャ人だったらするわけはありません。自分だけで、黙って納得していればいいではないですか、神様は間違っていると。

でも、ソクラテスは、心からの言葉好きの人でした。納得できないことを言われたときでも、言葉をかけてくれた、その相手に対して、その旨を言葉で伝えたかったのです。その相手が神様だとしても。あるいは、神様ならもっと。

ソクラテスの好きな「言葉」という語は、ギリシャ語のロゴスです。ただギリシャ語にはもうひとつ、言葉を意味する単語があります。ミュトスです。この二つには、ミュトスは物語を語る言葉、ロゴスは論証する言葉という違いがあります。だから、ミュトスはのちに、「神話」という意味になっていきます。それに対して、「論証する言葉」

言葉好きと言葉嫌い

言葉好きゆえ神にも反論

言葉を信じて死刑も恐れず

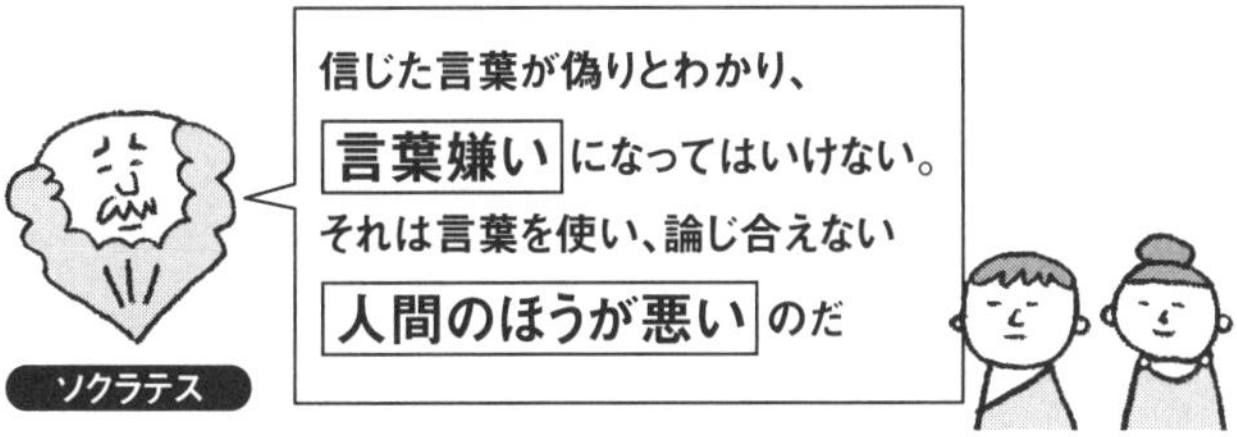

言葉は信じられぬという若者を諌めたソクラテス

のロゴスは、理性を指すようになるのです。

ソクラテスのような「言葉好き」でも、「ロゴス好きの人」の場合は、理性を大事にしていましたから、自分に言葉をかけてくれる神も、当然ロゴスを、だから理性を好むもののはずでした。もっと言えば、**神こそ理性そのもの**に思えたはずです。とすれば、そういった神に、言葉で反論することは、タブーなんかではありません。ソクラテスは安心して、神に反論しようとしたのでした。

でも、反論は失敗しました。賢いと言われている人がみんな賢くなかったのです。でも、ここでもまた彼はあきらめなかったのです。神への反論は失敗しましたが、自分が賢くないことにも自信がありました。

言葉好きなソクラテスは、言葉を頼って、この自信と反論失敗の間を何とかしようと考えたのでした。そこで出てきたのが、「私は自分が知らないことを知っているが、他の賢い人はそのことを知らない。この点だけが違いだ。要するに、人間に可能なのは自分の無知を知っていると思うことだ」、です。彼はこの新しい発見を神託の神アポロンにも伝えたかった、あるいは同意してもらいたかったのではないでしょうか。

実は、先ほど問題にした、ダイモンの声についても同じことが言えるのです。ソクラテスが何かしようとするときは、彼の思い及ぶかぎりのことを考えたうえでだったのでしょう。少なくともそう思ったうえで、でした。思い及ぶかぎりというのは、それこそ話し合える人間、聞ける言葉を話す人間、そういった人間の言葉はみんな考えてみたうえでだと、自負していたのです。ですからこの場合も、そういった自負のある、この彼に反対できるのは、超自然の者の声となります。

彼には自信はありましたが、今までもそう思って行為しようとすると、ダメだと制止されていたのですから、用心しつつ行為を進めることになります。特に、今日の裁判に関しては。

何しろこの裁判には自分の生き死にが関わっています。ということで、ソクラテスは用心しつつ裁判に出席し、発言していたのです。でも、ここでは何の声も聞こえませんでした。

ソクラテスは声が聞こえたら、そのたびに、堂々とその声に反論するつもりでした。でも、反駁の必要などありませんでした。ソクラテスのその日の行為、裁判のために朝家を出るときも、法廷に入るときも、そこで何かを言おうとするときも、まとめて言えば、**死刑になろうとしていることに対して、何も反対する声が聞こえてこなかっ**

たのです。

だからある意味、ソクラテスは面食らっていたと思います。死刑だなんて、どう見ても悪いことに突き進んでいるのに、なぜあの声は聞こえないのだ。それでも言葉好きなソクラテスです。彼は、今日ダイモンの声が聞こえなかったわけを裁判員諸氏に話し出します。

「**死というのがみんなの思っているほど悪いものではない**」ということです。二つのうちの一つ、「眠りのようなものか、ハデス（死者の国）に行って本当の裁判官と会え、オルペウスやホメロスとも話ができるか」。で、どちらであっても素敵なことだと言うのです。

関心のあることについて、だから当然、自分が何かしようと決めたとき、あるいは知っていると思い込んだときということになりますが、**今まで見たことも聞いたこともない言葉をはっきりと受け止め、納得がいかず、でもそれに反駁もできず、そうなったとき、新しい言葉を見出していく**というのが、ソクラテスの神託との付き合い方、そして、ダイモンの声との付き合い方でした。

この付き合いを全《まっと》うしたソクラテスの、言葉好きと、それを実行しようとするあくなき挑戦のエネルギー。これこそ、たぶん、ギリシャ哲学の有りようだったのではないかと思います。少なくとも、プラトンが、哲学者ソクラテスを見たとき感じたのは、この姿だったのだろうと思うのです。

第3章
プラトンの思想的挑戦

プラトンってどんな人？

プラトンも、実はよくわからない人なのです。もちろん、紀元前5世紀から4世紀の大昔の人です。そんなに簡単にわかるはずはありません。でも、それだったら、今まで挙げてきた、いわゆる詩で哲学を語ったと言われている、ソクラテス以前の哲学者と同じではないですか。でも、彼らのことほどにも、わからないのです。

すぐわかっていただけると思います。彼が書いた哲学の本は、「**対話篇**」と呼ばれています。詩ではなくて、ほとんどが対話の形で語られている本なのです。もちろん、一番有名とも言える『ソクラテスの弁明』は、対話というよりソクラテスの「演説」としたほうがいいのかもしれません。何しろ、裁判に引き出されたソクラテスが、自分の立場を語るのがそのメインだからです。

でも、それ以外の対話篇の内容はどんなものなのでしょうか。対話篇と言われているので、ちょうど劇の台本のように、二人ないし数人の登場人物がいて、互いに話し合うセリフが書かれているものだと推測はできます。しかも、プラトンのことですから、師とも思っていたはずのソクラテスを立てながら、その相手をしていくという「対話篇」

となるはずだと思われるでしょうが、それは違います。

確かに最後の一冊を除いては、どの対話篇にも、ソクラテスは登場します。でも、**プラトン自身はソクラテスの相手として、あるいはソクラテスの聞き手として、対話篇に出てくることなどない**のです。端役としてだって出てきません、一度として。

プラトンは、自分の名前でさえ、全対話篇中、三度しか出していないのです。二度は『ソクラテスの弁明』、一度は『パイドン』です。

『弁明』のなかで出てくる初めのものは、ソクラテスが、裁判に集まったみんなの前で言うセリフのなかに見られます。「若いころ、私と対話をしたことによって、だめにされてしまったと思っている者は、今ここで名乗り出てほしい。今日もここにたくさん、若いころ私と一緒に過ごしていた者が来ているのだから」と言い、その者たちの名前を何人か挙げるのですが、そのなかに、「アリストンの子アデイマントスと、その弟のプラトン」という形で、プラトンの名が出てきます。

もちろん、ここで名指しされた人は誰ひとりとして、ソクラテス弾劾《だんがい》に走る人はいませんでしたから、プラトンも最後までソクラテスに寄り添い従っていた、それほどソクラテスに傾倒していたのだということはわかります。でもそれだけです。

もう一か所は、有罪が決まった後、自分への科料を申し出るというのが当時のアテナイの裁判でしたが、そこでソクラテスは、科料を申し出られる身分ならいくらでも申し出るけれど、せいぜい、払えるのは銀1ムナなのでそれを「お払いしましょう」と言います。すると、そこに「プラトンが出てきて」、他のみんなと一緒になって「銀30ムナ」なら出せるので、それを「申し出たい」と言ったという箇所です。

銀1ムナが銀30ムナに変わったということが、どのくらいの金額かはよくわかりません。1ムナとは600gのことだと辞書にはありますが、もしそうだとして、今の銀相場では、1gは約70円、ソクラテスの申し出た額だと、4万2000円ですし、プラトンたちが申し出た額は、126万円ということになるのですが、それはただ、今の価格で計算してのことですから、値段自体にはあまり意味はないでしょう。でもプラトンたち四人が一緒になって、その科料30ムナの保証人になると言うのですから、当時の人にとってもかなりの金額だったのかもしれません。

ソクラテスの死刑に立ち合わなかったプラトン

プラトン自身が登場する著作の最後が**『パイドン』**です。ソクラテス死刑の日、その早朝から、日が沈むまで、要するに、ソクラテスが死ぬまでをしっかり書いてある対話篇です。

プラトンがこの対話篇の語り手として選んだのは、パイドンという男でした。この男は、ペロポネソス半島の北西部にあるエリスという町の善い家柄の男だったのですが、『列伝』第二巻九章によると、エリスが戦いに敗れた後、奴隷になってアテナイの男娼の家に売られてきたところ、その志のあるところを見込んで、ソクラテスが「アルキビアデスかクリトンに頼んで身代金を払ってもらい、自由の身にしたのだ」と言われています。彼はのちにエリスに戻り、生き方を探求する**エリス学派**と呼ばれる哲学の学派を作ったそうです。

そのパイドンが、その日まさにそこにいたということで、後になってから、その日の話を、あのピュタゴラス派のエケクラテスたちに話して聞かすという形をとっています。パイドンが話して聞かせているこの日が、ソクラテスの死後何年ののちのことだったかは明確にはされていません。

　エケクラテスはまず、ソクラテスの死に立ち会った人がいたのかどうか、いたとしたら誰だったのかを聞きます。パイドンはアテナイの人たち、それから他の都市から来ている人たちの名を挙げますが、ここで、彼はプラトンに関して、「でも彼は、病気で弱っていたのだと思います」と、来ていなかった理由を述べているのです。

　これは何とも気になる言葉です。パイドンは、ソクラテスの死に立ち会った人の名を聞かれ、それを挙げたのです。しかも、アテナイの人の名は全部挙げきれず、数名の名を挙げた後、「他にもまだ数人いました」とまとめています。それなのに、その後すぐ、わざわざ、来なかったプラトンに言及したのでした。

「他にもまだ数人」のなかにプラトンを入れておいたフリをして、彼の名を特別挙げず、彼が来なかったことなど言わなくたってよかったのです。それなのにわざとらしく、プラトンの名を挙げ、不在の理由を挙げ、もっと不自然なことに、「……と思います」と言ったのです。いる人だけを挙げているところで、居合わせない人のことをその理由もはっきりしていないのに挙げるというのは、普通ではありません。

　しかも、これを書いているのはプラトン本人です。プラトンはなぜこんな形で自分の名を残したのでしょうか。本人ですから、病気だったとしたら「……と思います」などと言わず、病気でした、と言わせればいいではありませんか。この微妙さはいったい何なのでしょう。それも、三度しか名を出さなかった最後の一つがこれなのです。

余談ですが、付け加えておけば、プラトンの兄アデイマントスは『ソクラテスの弁明』のなかでは、プラトンと一緒に法廷にいることが、ソクラテスの口からはっきり言われていたのに、ここでは、いたけれど名を挙げてもらえなかった「数名」のなかに入れられてしまったのか、本当はプラトンとともに不在だったのに、その不在については、病気とか外国旅行中とか理由をつけて言い訳がましく言われることもなく、ただ無視されているのか、とにかく、見たところ無視されているとしか思えない扱いです。

2500年も昔のことです。今となっては、この微妙さを解明できるはずもありません。でも、プラトンは、自分が病気だったのかどうか、本当にしても嘘にしてもはっきりとした形では言わないで、それでも、**自分の不在をわざわざ匂わせておきたかった**というのは間違いないところです。

もちろん、この対話篇に、プラトンの名など必要ありません。『パイドン』はプラトンがいなくても何の支障もなく話は進んでいくのです。それなのに、あやふやな理由を挙げて、自分の不在をパイドンに言わせたのはなぜだったのでしょう。大事なソクラテスの死に、そばにいられなかったプラトンの思いが、この一行のなかにそっと入れられているような気もするのですが。

人間同士の話し合い、そのとき必要なこと

ところで、プラトンは、一番初めの作品と言われている『ソクラテスの弁明』と、たぶん最後の作品だろうとされる『法律』を除いて、なぜ、すべてソクラテスを主人公にして、対話篇という形式で、作品を作り上げたのでしょうか。その当時の哲学者の誰かが、自分以外の他の誰かを主人公にして、その人を巡る話し合いを書いていたという例は、今のところ、まったく見当たりません。

『ソクラテスの弁明』は、ソクラテスが、国の祭る神々を崇《あが》めず、若者に悪い影響を与えたという罪状で、裁判にかけられたときの、「弁明」の書ということになります。普通の意味では、対話篇ではありません。でも、ソクラテスの章の最後を見てください。そこで触れておいたように、ソクラテスは、自分のなかで神の神託《しんたく》の真意を、神と対

話することによって、燻《あぶ》り出せたのでした。

とすれば、プラトンとしては、ここで一段落でした。神様のことはソクラテスが片づけてくれたのです。自分は、人間に向かえばよかったのでした。人間に向かって、何が本当のことなのかと問いかけ、人間同士に論じ合わせればよかったのです。これが、彼の書いた「対話」篇です。もちろん、対話を主導していくのは、ソクラテスですが。

人間同士の対話のとき、それは原則として、**同じ仲間同士の話し合い**ということになります。何から何まで同じということではありませんが、神様でなく人間、要するに仲間うちが相手なのですから、相手に気楽に話しかけあえるわけです。

そういう仲間、人間同士が、話し合おうとするとき、大事なことは、二人が認めあっている「**前提**」を見つけ、とりあえずは、それに合ったものを真とするという態度です。

このやり方については、『パイドン』のなかでかなり詳しく述べられています。ここで証明したいのは、魂の不死です。何しろソクラテスが死刑になる当日の話です。周りの人々は落ち着いてなどいられません。でもソクラテスは落ち着いて、魂の不死を証明しようとしたのでした。

ここでの前提は「美しさそのもの」といった、いわゆるイデアがあるということです。イデアについては後述しますが、これもまた、魂の不死以上に、私たちには納得いかない前提でしょうが、ソクラテスの周りの皆は、文句なく納得したのです。ですから、ここでの魂の不死は、イデアの存在を前提として進められていくことになりました。

この「証明」の場合には、守らなくてはいけない原則があります。この方法で議論が進んでいるときは、**前提を問題にしないで、前提を認めたうえでの議論をする**、という決まりです。

もちろん、前提に不服があるなら、あるいは疑問があるなら、この議論が済んだ後、前提そのものを取り上げて、もっと上位の前提を立て、証明をしなくてはいけないということになります。でも、こう取り決めておかないと、当面証明されなくてはならない問題と、そのためにみんなの納得を得たはずの前提とが、ごちゃごちゃに混ざって、議論されてしまうのを恐れての決まりでした。

でも、もしそういうことだとすると、前提の証明のためのさらに上の前提、そして、その上の前提を証明するためのもうひとつ上の前提……という、無限後退に陥ることになりかねません。それこそ科学の発展を意味するのだと、私たち現代人なら思うかもしれませんが、ギリシャ人には、それは許せないことでした。どこかに止まらなくてはいけないのです。

プラトンがそれを何だと考えていたのかは、いずれ明らかになります。が、こういう対話こそ哲学なのだとしたら、彼は、そこにいる者だけを相手にした、だからその者たち全員の同意を得られるという前提にのっとった、対話篇を書くしかなかったのではないでしょうか。

ソクラテスのところで見てきたように、ソクラテスは、神託と渡り合って、きちんと神託を理性の、ですから「言葉《ロゴス》」のうちに収めたのでした。それを確認し、確信したプラトンが、ソクラテスに語らせるということは、**ロゴスを持つ人間同士が語ることによっても、私たち人間は、正しく善いことが何かを知ることができる**と信じたからであるはずです。

プラトンの対話篇が始まるのはここからなのです。話し相手になる若者、リードしていくソクラテス。二人は納得のうえ、それに従って話を進めていくわけです。

「無知の知」を知るってどういうこと？

でも、こうすることによって始まった対話の語れるものは何でしょうか。それは、プラトンにとって、あるいはソクラテスにとって、哲学とは何だったのかということでもあります。

多くの対話篇の結論は、「わかっているつもりだったのに……」という**アポリア**（行き詰まり）、あの無知の知路線を継承しているのです（対話篇の作られた時期にもよりますが、初期対話篇と言われるものは皆これです。そして、これはソクラテスにとっては普遍の真理でもあります）。でも、それを言うためだけの対話だったら、「今日もまたこの二人（あるいは数人）の対話の結果は、『無知の知を知る』アポリアで終わりました」の一言の報告でいいはずです。

でも、「無知の知を知る」とはどういうことでしょう。「今日行きついたところは、これも無知の知でした」というレポートを書くことではないでしょう。

ソクラテス自身のそういった活動の初めの目的は、あの神託に納得し、そして神の本心を知ることでした。しかも、彼の「納得」は、神様は偉いから、などという言葉では成立しえないものでした。何しろギリシャの神の神託は、初めに述べたように、古来わけのわからないものだったからでした。

彼は「神託」に納得するために、多くの賢者と言われる人と話し合ったのでした。無理をして、時間をかけて。他の知識は置いておいても、哲学の目指す、無知の知、それは、**自分が自分で納得しなくては意味のないこと**なのです。紙に書いて覚えてみたところで、出てくるのは言葉だけです。言葉はそういう意味でも、納得という知の手段でしょうが、知そのものではないのです。知を納得し、体得するために必要ではありますが、知そのものではないということです。

とすると、対話篇のソクラテスの対話は、ソクラテス自身にとっては、言葉によって行う、無知の知の再体験であり、相手にとっては無知の知の（たぶん初）体験だったと思われます。

プラトンが対話篇を書き始めたのは、ソクラテスの死後だったと言われています。彼はもうソクラテスと対話することはできません。でも、対話篇を書くことによって、その体験をたどり、自分にも、そして他の若い弟子たちにも、**無知の知の追体験をさせたかった**のだと言えると思います。

でも、そうだとしても、プラトンが、その対話篇に自分を登場させなかったということの理由にはなりません。ただ、人には、あるいは神話などを好む古代の人には、同時代の人の話とするよりも、自分と同じように生きてはいたけれど、少し古い人の話にするほうが、情を同じくするのに抵抗がなかったのだとも思われます。

ところで、本当のところ、プラトンとソクラテスの関係とはどんなものだったのでしょうか。

先ほども言いましたように、ほとんど全部の対話篇を、ソクラテスを主人公にして書いたくらいですから、プラトンにとっては、ソクラテスは重く大きな存在だったことに間違いはありません。

でも、こんな話もあります。先ほど挙げた、ラエルティオスの『列伝』のなかに、妙な話が出ています。第三巻プラトンの35に出てくる話です。プラトンが、自分の書いた対話篇『**リュシス**』をソクラテスの面前で読み上げるのを聞いて、「ああ、この若者は、なんとたくさんの嘘を私について語っているのだろう」と言ったと述べ、その理由を「**プラトンは、ソクラテスが言わなかった多くのことを、ソクラテスの言ったこととして書いている**からである」としています。

プラトンはなぜ、そんなことをしたのでしょうか。本人の前で読み上げているのですから、違ったところはすぐ指摘されるに決まっているではないですか。

それでも、ソクラテスを主人公にした対話篇を、主人公の前で読んでみたプラトンと、そして、「嘘つき」と言ったソクラテス。その二人はその後、笑いあったものと思えるのです。たとえば、君もやるねえ、貴方もです、とか言って。そして、ラエルティオスのこの話は、そういった二人の、微笑《ほほえ》ましい関係をそっと語っているように思えます。

この話は、プラトンがソクラテスの死後に対話篇を書いたのだという通説を無視して語られているのです。それは、そういった笑いあう二人の関係を述べたかったからではないでしょうか。

この『リュシス』は初期対話篇と言われるものです。プラトンの、本物と認定された対話篇36篇を、書かれた時期に分け、初期のもの、中期のもの、後期のものと三つに分けて語ろうという試みは昔からなされています。初期のものとはプラトンが若いころ、といっても30代から40代を指していますが、そのころ書かれたもの。中期のものとは、脂の乗り切ったころ、50代から60代に書かれたもの。後期のものとは、老年の70代になって書かれたものということです。そしてそれぞれの時期によって、取り上げる内容、書かれ方、議論の進め方に違いが出てくるということも通説として言われています。

この『リュシス』が初期のものだということに、間違いはなさそうです。初期対話篇の特徴もよく出ているようです。あまり長くなくて、ソクラテス主導で対話は進み、最後はあの「アポリア」で終わるからです。

二人の立場の違い

プラトンとソクラテスの二人の師弟関係については、実は、触れておかなくてはいけなかったことがまだありました。二人の**家柄の違い**です。

もちろん、ソクラテスの言うように、家柄でどうのこうのという気はないとしても、この時代、ですから、ソクラテスの生きていたころ（紀元前469～前399年）そして、プラトンの生きていたころ（紀元前427～前347年）は、重なっているところも含めて、彼らの生きていたアテナイの激動の時期でした。

ペリクレスによって紀元前431年に始まったペロポネソス戦争。その原因については、前の章でも述べましたが、トゥキュディデスが『戦史』の冒頭で言っているように、ペルシャ戦争でギリシャが勝つことになった原因の、強いアテナイが、ラケダイモンの恐怖になったということでしょう。

ペリクレスは偉大な政治家で、指揮官でした。でも、開戦1年後、籠城して海上決戦を図った彼の作戦は、籠城したアテナイのなかに疫病が流行ったことで頓挫《とんざ》します。翌429年には彼もまたこの疫病にかかり死んでしまったのでした。ペリクレスを失ったアテナイは苦戦。最後には敗北に追い込まれます。

その敗北は紀元前404年でした。そのとき勝者ラケダイモンの肝いりで、民主制が倒され三〇人の**僭主制**《せんしゅ》が誕生。それもつかの間、次の年の1月には倒され、再び民主制になるという忙しさでした。

こういう事情のなか生きていたソクラテスとプラトンですが、ここで、家柄が問題といったのは、実はこういうことなのです。

ソクラテスの父はソプロニコス、いくつかの対話篇のなかで、ソクラテスは自分のことをソプロニコスの息子という当時の呼び方で呼んでいますし、呼ばれてもいます。ソプロニコスが石の彫刻家だったと言ってくれているのは、『列伝』です。母はパイナレテ。プラトンの書いた対話篇『**テアイテトス**』では、この母の職業の産婆術がソクラテスの「対話」にどれほど大きな役割を果たしているかが、ソクラテス本人の口から語られています。

とにかくいずれにしろソクラテスもソプロニコスも、アテナイ市民ではありますが、普通のアテナイ市民でした。誰からも特別な期待を寄せられていない一市民ということです。

プラトンのほうはそうはいきませんでした。父アリストン方の祖先は、ドーリア人来襲に際して、アテナイ王として戦死した、だから最後のアテナイ王と言われるコドロスでした。そして母ペリクティオネは七賢人の一人として知られるソロンの子孫です。要するに、貴族の出だったのです。

もちろん、生きていたのは民主制のなかですから、家柄がいい、貴族の末裔《まつえい》だというのは、普段はそう問題にならないかもしれません。そうはいっても、今の日本でも、十分民主主義がいきわたっているはずなのに、先祖、とりわけ近い先祖は何かの際に十分考慮されます。たとえば、選挙の折などに。

ペロポネソス戦争の敗北というのは、まさに異常事態でした。そして、民主制をひつくり返し、僭主制にしようとしたのが、プラトンの親類、詳しく言えば、母ペリクティオネの従兄にあたるクリティアス（紀元前480～前403年）だったのです。

この死にかけている民主制を何とかしてくれる人というアテナイ人からの期待、スパルタ側からの、自分たちに敵対するような民主制などではなく自分たちと同じような政治体制を作ってくれる人という期待、そうして自分ならできるという、祖先の血を意識した自負、それらが集まって、クリティアスは三〇人の僭主制をアテナイに敷いたのですが、これは1年で失敗しました。そして彼はそのときに死んでいます。

実は、プラトンの作品に関係するクリティアスは二人います。一番年上のクリティアスは、『カルミデス』『ティマイオス』に出てきます。このクリティアスの孫というのが、初めに挙げた三〇人僭主制を敷いたクリティアスです。彼は『カルミデス』『エリュクシアス』『プロタゴラス』に登場します。

言ってみれば、この孫のクリティアスとプラトンは、二人とも、ソクラテスの弟子だったわけです。二人がそれぞれソクラテスをどうとらえていたかなどは、興味はありますが、これこそ今となっては何とも言えません。二人に関して言えることは、二人とも、ソクラテスのもとに出入りしていて、親類だったということです。とすれば、三〇人僭主制をこのクリティアスが打ちたてようとしたとき、プラトンにも声をかけただろうとは推測されます。

ソクラテスは、国家の命令には原則として従うが（たとえば戦争にも行っていました、ポティダイアとかデリオンの戦いでのソクラテスの働きは見事なものだったと『饗宴』で言われています）、自分から、ポリスに何か積極的な提案などしないのは、ダイモンの声が禁じているからなのだと『ソクラテスの弁明』で言っていたのでした。

とはいえ、それはプラトンには言えないことではなかったのではないでしょうか。ソクラテスは後世にまで名を残す人でしたが、普通の市民でした。国家存亡の危機に立ったとしても、自分から進んでなら別ですが、プラトンのように、先祖からの、だから、親類縁者からの強い要請を受けることなどなかったでしょう。

ソクラテスは、ただただ、『ソクラテスの弁明』のなかで言っているように、自分のなかのダイモンの声に耳を傾け、否定されないかどうかを確かめさえすれば、それで進退を決められたのです。

そういった立場の違いが二人にはあったはずですが、プラトンは、そのように、外からの要請の少ないソクラテスを、たぶん憧れまでこめて、主人公にして対話篇を書き続けていたのでしょう。

そういうこともあってか、プラトンは、アテナイで政治に関わることは死ぬまでしなかったのでした。でも、政治にまったく関心がなかったわけではなく、イタリアのシケリア島（現在のシチリア島）のシュラクサイの王朝に出向いて、そこの君主を教育し、自分の理想とする**哲人王《てつじんおう》の政治**の実現を図ったとも言われています。

他国には行かなかったソクラテス

もっともソクラテスも、ペロポネソス半島にあるイストモスには一度行ったことがあるという説もあります。でもとにかく、ソクラテスは、「目や足や、そのほかの体のどこかが悪い人」以上にアテナイの外に出ることはなかったとまとめられてはいます。それほどソクラテスはアテナイが好き、アテナイの法律習慣が気に入っていて、よその国にも、そこで行われている法律習慣にも関心がなかったのだという話になるのです。

実はソクラテスについての、この話が載っているのは、**『クリトン』**という対話篇で、死刑が確定したのち、執行されるまでのいずれの日かに、古くからの友人で、結局最後まで哲学者ソクラテスを理解することも認めることもできなかったのに、でも、友人であり続けたというクリトンという男が、死刑も間近と聞いて、脱獄を勧めにきたときの話ということになっています。

クリトンは、ソクラテスの息子のことも持ち出し、そして最後には、これで友人のソクラテスを黙って死刑にさせてしまったら自分の顔がつぶれてしまうなどと嘆いてみせたりもするのです。それに対して、ソクラテスは、**脱獄をしたいという自分**と、**それを阻止しようとする国家及び法律・習慣**との二役を演じて対話をする箇所があります。

相手方は、育て、教育し、ここまでの人物にしてくれた父親に逆らうのが不正なことであるように、そのもともとの父である自分たち国家・法律に逆らうのは論外だという論を初めは口にしますが、その後、こう言い出します。

「実は今まで長いこと、ソクラテスには、好きな外国に移住する自由があったし、悪いと思う法律を変える権利もあった。でもそれのどれもしないで、今日まできて、自分が死刑になりそうになったら自分たちに反逆するなど、もってのほかだ」と言うのです。

そして、ソクラテスがどれほど自分たちを気に入っていたかについて、その大きな根拠として挙げたのが、初めにあげておいた、イストモス旅行を一度したきりだという事実なのでした。

プラトンのシュラクサイ行き

でも、プラトンは違いました。ソクラテスの死後、ほとんど10年経ったとき、彼は、ソクラテスが生前しなかったことをしました。アテナイから要請されたのでも、戦いのためにでもなく、他国に赴《おもむ》いたのです。それが第1回のシュラクサイ行きで、その後二度も行っています。

一度目は、ですから、彼が39歳のころ（紀元前388〜前387年）、第1回シケリア旅行と言われているものです。シケリアとは今で言うシチリア島ですが、それだけではなくイタリアの多くの都市、さらにエジプトまで行ったとされています。イタリアと言えば、ピュタゴラス派の、そしてエレア派の地でありましたから、当然、彼はその人たちと話し合ったと思われます。

この旅行で注目したいのは、プラトンが、シケリアの南東部の一都市、シュラクサイの国の20歳の青年**ディオン**（紀元前４０８〜前３５４年）と知り合ったことです。

青年は、その当時のシュラクサイの王ディオニュシオス１世の、妻の弟であり、王の忠臣で、賢く、当然家柄もよく、財力もあり、評判の男だったと言います。プラトン39歳、ディオン20歳のときのことです。その年恰好から言って、特別な仲だったという説もありますが、あまり確かなことはわかりません。

この旅行から帰って、プラトンは、英雄アカデモスの森と言われる**アカデメイア**の地に自分の学園を作りました。40歳ごろのことです。天文学、数学、生物学、政治学、哲学などが教師と生徒の対話で学ばれていきました。

この学園はその地の名をとって、アカデメイアと名付けられましたが、実はこの語は今もなお、たとえばアカデミーという名になって、広く、学問や学芸に関わる名として生きています。映画界にアカデミー賞がありますが、あの「アカデミー」の名の由来がこのプラトンの学園でした。紀元前３６７年ごろには、17歳のアリストテレスもここに入門します。彼はプラトンが死ぬまでここに留まっていました。

第２回のシケリア旅行は、プラトンが60歳くらいになったとき（紀元前３６７〜前

366年）。シュラクサイのディオンたちから、ディオニュシオス1世の死んだ後即位した2世を指導して、「**哲人王の政治**」、有名なプラトン－ソクラテスが目指す理想国家の政治ですが、それを実現してほしいという要請を受け、二度目のシケリア旅行をしたのです。

彼の理想とした「哲人王の政治」とは、対話篇『**国家**』でソクラテスに言わせた「**哲学者が国の王となり、統治するのでなければ**」「**あるいは、王とか権力者と言われている人たちが真の哲学者になるのでなければ**」、「**国々にしろ、人間にしろ、幸せになることはない**」というものでした。プラトンがその対話篇を書いたのは、第1回シケリア旅行の後（紀元前375年ごろ）だったと言われています。

この理想の政治体制を実現するためには、もちろん、前者はかなり無理そうですから、後者ということになります。そうだとするとこのディオンたちの申し出は、プラトンには、願ってもない機会だったのではないでしょうか。何しろ、賢いと評判のディオンの後ろ盾もあります。プラトンは、王を哲学者にしようとしたのですが、いろいろな誹謗中傷《ひぼうちゅうしょう》を受け、ディオンは追放され、試みは不成功に終わりました。

三度目のシュラクサイ行きは、プラトン66歳ごろ（紀元前361～前360年）。王デイオニュシオス2世自身の強い希望で敢行されました。

でも、また政争に巻き込まれ、プラトンは軟禁《なんきん》されましたが、ピュタゴラス派の学者アルキュタスの書いた、「プラトンを解放するように」と懇願《こんがん》する、ディオニュシオス2世への手紙でやっと無事アテナイに戻ることができたと言われています。

哲人王実現の試みは、結局、プラトンが74歳ごろ、ディオンが54歳で暗殺されてしまい、それ以後、企てられることはありませんでした。

理想国家、完璧な支配者とは？

哲学者と王と、あるいは、哲学者と政権担当者と。結びつきますか？

哲人王の政治にしか人間の幸せはないと言ったソクラテス－プラトンはどんなつもりだったのでしょう。それには、国家のことを論じている長い対話篇、『**国家**』十巻を考えてみるのがいいと思います。

前に述べたように、ソクラテスと違ってプラトンには、国家あるいは政治がとても重要に思われていたのです。しかもプラトンは、ソクラテスと同様、**すべての個々人**

も、神も、世界も、そして国家も、ロゴスに基づいて成り立つのだと考えていたのです。とすれば、彼にとって重要な国家についてこそ、彼は、ロゴスに基づくべきだと主張しなくてはならないはずです。そこで、彼は『国家』という対話篇を書くわけですが、この対話篇には、本当にいろいろなことが出てきます。

この対話篇はとても複雑な構成をとっています。もちろん、プラトンが『国家』を書くとしたら、当然、対話相手と同意しあっていることから始めなくてはならないでしょう。それが筋でした。では、この場合の同意されていることとは何でしょうか。

もちろん素晴らしい国家を語るための前提となるものです。それは、何であれ、前提とできるものですから、話し合おう、あるいは話を聞こうと集まっている人々が納得しているもののはずです。とすれば、ここにいる人々とは、ソクラテス－プラトンの、何らかの形の弟子筋の人のはずです。

全十巻からなるこの対話篇の一巻目は、初期対話篇の形と似ています。メインテーマは「**正義とは？**」で、初めは穏やかに、詩人シモニデスの詩にそって話が進んでいるのですが、突然、**トラシュマコス**が話に割って入ります。

トラシュマコスは、弁論家、またはソフィストの一人として当時有名な人でした。

だから当然、彼はソクラテスの弟子筋などではありません。同意しあえる前提などあるわけもありません。とはいえ、ここで、なんと、ソフィスト・トラシュマコスの説が披露されることになります。そして、それを巡ってソクラテスとトラシュマコスが対話し、競いあっていくのです。初期対話篇と同じと言ったのはこの点です。

トラシュマコスは、ソフィストのおきまりで、アテナイではない他の都市、黒海の出入り口にあるカルケドン出身です。彼の主張は、「正しいこと」は強い者の利益になること、「不正なこと」は個人々々の利益になり、得になることだと言うのです。

ソクラテスと話し合ううちにトラシュマコスは、強い人というのは、国の支配者のことを言っていると認めます。その国の体制が、独裁制であろうと、民主制であろうと、それは問題ではなく、とにかく支配権を持っている人の利益になるのが正しくて、国の人は皆その支配者の決めた支配者の利益になることをするのが正しいことなのだというところに落ち着くのです。

こうなれば、ソクラテスの独壇場でしょう。ソクラテスは、**支配者は自分に得になることを決める際に、間違えることがあるのだろうか**と聞いたのです。

トラシュマコスが、それに賛成したのは、たぶん、そういった例をたくさん見てきていたからだと思います。でもこれはこの議論の展開としてはまずかったのです。間違えて事を決めた支配者の言うとおりに国のみんなが動いたら、結果は支配者の得にならないことを行ってしまうということになるでしょう。何しろ、間違った決定だったのですから。そう思って支配者の決定に従わなかったら、それはそれで、支配者の言ったことを聞かなかった、要するに、不正を犯したということになるのです。いずれにしろ間違えた支配者のもとにいる人々は、支配者に従って、支配者の得にならないこと、すなわち不正を行うか、支配者に反対して不正を行うかしてしまうのです。

トラシュマコスはあわてて、自分の言っている支配者は完璧な支配者で、間違うことはないと言い直します。こうなったら、もうソクラテスの勝ちもすぐそばです。完璧な医者など技術ある人々を例に挙げて、彼らは、自分のために医術を使うのではなく、もちろん、完璧でない医者なら、自分のためにお金を稼ぐ目的で医術を使うのですが、何しろ「完璧な」医者なのですから、彼の目指すのは病気を治すことによって、相手にしている病人に健康という善いもの、持っていて得なものを与えることだということになります。支配者にしろ、正しい「完璧な」支配者なら、相手にしているその国の人々の利益を目指すのが本当だと、議論は進むでしょう。

要するに、正義とは、支配者が自分に得になることをすることではなく、自分が関わっている人々（だから被支配者）に得になることを決めて、それを実行することだということになるのです。

こういったソクラテス得意の論法で、彼はトラシュマコスの主張をひっくり返していきます。最後の段階では、ソクラテスは、ある集団が、たとえば、国なり、軍隊なり、泥棒集団なりですが、その集団の人々が仲間同士で不正をしあうとしたら、その集団は何事も事を成し遂げることができなくなるだろう、という議論まで持ち出します。

「正義」というギリシャ語には、もともと、**自分に分け与えられた自分のものを守る**、あるいは自分の分《ぶ》を守るという意味があったのですから、これは当然の話です。不正な人は、敵とだろうと、仲間同士だろうと、自分のほうがよりたくさん欲しいとするのですから、敵に対してなら問題ないとしても、味方のなかでそれをやったら、大騒ぎ、まとまりなどなくなります。

そこでソクラテスは言います。**不正は互いの、不和と憎しみと争いを作るもの**なのだと。

そしてソクラテスは最後に、多数の人同士でなくても、一人の人のなかでも、不正

ソクラテスの問答法

正しいこととは強者の利益になることである。強者とは？　国の支配者のことをいう。
トラシュマコス
なるほど。暴君や愚帝も国の支配者だが彼らは誤り、自分の利益にならないことをするぞ。
ソクラテス
私が言っているのは完璧な支配者のことである。
トラシュマコス
完璧な支配者は民の利益をめざすだろう。ならば強者の利益になることが「正しいこと」ではなくなってしまうぞ。
ソクラテス
ぐぬぬ…。
トラシュマコス

は同じように働いて、自分との不和と憎しみを作り出し、自分の本来の働きをできないようにさせ、ひいては、自分が他の正しい人と仲良くなることも妨げるのだ、だから、正義が不正より得になることなどないのだと言いおさめるのでした。

正義とは何なのか

でも、この直後、ソクラテスは言い添えるのです。自分は「正義とは何であるか」を語るはずだったのに、「正義は不正より得なのだ」ということを議論してしまった、正義とは何であるかはわからずじまいなのに、と言います。これこそ、「自分は何も知らないということを知っている」という、あのソクラテス得意の無知の知の、正義についての場合の告白でしょう。

と、まあこういうことになるのは、前にも述べたように、いわゆる初期対話篇の典型でした。でも、『国家』は中期対話篇です。これから先、あと九巻続くのです。正しいとはどういうことなのかを、要するに正しさの定義をしようとするのです。これは初期対話篇では見られなかったことです。

でも、もっと奇妙なことが起こっているのです。言い負かされたトラシュマコスが、二巻の最初で、「消えた」と言われます。負けたから逃げたのだと思うのですが、実は違うのです。彼はこの場に居残っているのです。日本語では「消えた」というこの単語は、「引き下がった」と訳されて、自分の議論のまずさに議論の場から身を引いたのだということを意味することになります。でも、その後も、彼は何回か、短いですが、議論に口を挟みます。

というようなこともあるのですが、ここからの、ソクラテスの主な対話相手は、プラトンの二人の兄となります。

彼らはたぶん、弟子筋であり、だから共通の前提は持っているはずです。作家であるプラトンが、ここでできることは、トラシュマコスを引き下がらせ、ソクラテスの馴染《なじ》みの、要するに同意点がわかりあっている者たちとの対話を書くしかないでしょう。この二人相手からなら、何を同意してもらえるか、ソクラテスにもわかっているはずだという設定が可能となります。

でも、これは無知の知を掲げていた初期対話篇のソクラテスが試みることのなかったことです。とすれば、ここから後のソクラテスの語ることは、プラトンの考え、ただし、プラトンからすれば、**ソクラテスとの対話を引き継いで考えをまとめていったときのプラトン自身の考え**と言えるかもしれません。

でもプラトンとしては、彼にその考えを生み出させたソクラテスの名をあくまでも付けておきたかったのではないでしょうか。そこで私も、プラトンの意を汲《く》んで、これから先も、語り手をソクラテスとしていきたいと思います。でも時々は、今書いたことを忘れないため、ソクラテス－プラトンなどという言い方も入れてみようかと思います。

彼（これです。この「彼」は、ソクラテス－プラトンということです）はここで、正しい国家というものを、話し合いを通して作ってみて、そこから不正や正しさといったものが何なのかを言いたいと提案するのです。

確かに、不正な人、正しい人というのは、すぐには見えてこないのかもしれません。まず、小さな個人の正義のことではなく、大きくて見やすい国家の正義を見ておこうというわけです。

そのためには国家を作ってみることです。対話相手は当然、同意します。

国の誕生

ソクラテスの国家創造の第一理念は「**一人一仕事**」です。私たちには理解できない理念です。私たちは、いろいろなことをやってのけたレオナルド・ダ・ヴィンチなどを知っています。マルチタレントであることを目指す芸能人にエールを送ったりもします。

もっともこれは、時代のせいかもしれません。今は、ご飯だって、独りでに（？）炊き上がります。洗濯ものだって初めに洗濯機のタイマーを整え、洗剤や柔軟剤を放り込めば、何時間後かには仕上がっています。便利な道具、器具の発達で、私たちはほぼ同時にいろんなことができるようになりました。でも、紀元前5世紀のアテナイでは、ずいぶん進んでいた国なのでしょうが、やっぱりそんな道具はなく、仕事には「慣れ」が重要だったのです。そうだとすれば、人間はそうそう三つも四つもの仕事に慣れることはできません。大事な一つのものに集中しなくては、ということですから、当然、一人一仕事ということになります。

そこから派生して出てくることに、「得手不得手」があるでしょう。一人一仕事で頑張るわけですが、人には「**持って生まれた素質**」というものがあります。

この時代、素質に合わないことなのに、なお成功するまで頑張ってやってみるなどという余裕はないのです。今だったら、頑張って、素質があると言われた人より味のあるものを作る人が出てくるかもしれません。それは、現代には余裕が、少なくとも何千年か前のころより、あるからです。

ソクラテス－プラトンが作ろうとした国家は、生きていくために必要な集団、言い換えれば、必要だから「良い」集団だったのでした。

持って生まれた素質に応じて、一つの仕事に専念する人は、自分一人では一仕事しかできませんから、普通の、あるいは生きるだけの、そういった生活さえままならないでしょう。パン作りができても、野菜は作れない、食べ物は作れても、着るものには手も出せないとなってしまうのです。そうならないで生きていくためには、生きていくのに必要な、いろいろなものを作る人々と集団を作らなくてはならなかったということです。

着るものを作る人は、米作り農家と組まなければ、ご飯も食べられないし、米作り農家は、着物職人と組まなければ、冬に何も着るものがなくなる。そうした心配から生まれた集団というわけです。

　聞き手の同意を得て、ソクラテスの議論は進みます。そういったご飯だけ、着物だけの生活に、人は満足できません。もっと贅沢《ぜいたく》なご馳走、贅沢な着物が欲しくなるでしょう。もちろん当然、美味しいワインもです。そうなると、そういった職人や農耕者の数も増さなくてはなりません。

　数が増えれば、当然ですが、今所有している以上の土地が、その国には必要となります。運悪く、ちょうどそのとき隣の国もそう思っていたとしたら、領土の取り合い、戦争です。ということで、ここに、「**軍隊**」の必要性が出てきます。もちろんそうなると、彼らの生活のための領土まで必要になります。

　この軍隊はたぶん若者からできている、元気のいい集団でしょう。そうであれば、この戦争をすることが、本当に自分の国のためになることなのか、敵には害を与えることになるのかなどの判断をしてやる賢い人が必要になります。そういった賢い判断のできる人、そういったことを本当に知っている人がいなければ、戦争をしても無駄になるばかりです。

　というわけでここに、本当の意味で国を守る、そのために正しい判断のできる「**守**

護者」が必要となります。そして元気な軍隊は、その守護者の助手ということになるのです。

ということで、ここでできあがった、国という大きな集団は、この三つの群れからなっているということになります。物や金に熱心な人々、守護者の助手、そして守護者です。物を（食べ物から、住むところ、着るもの、いわゆる衣食住と言われるものなどすべてですが）作る人たち、と、その人たちを守る人たち、そして、どういうときに何をしたらいいか指図できる人たちという三種族の人たちです。

それぞれの持つ徳

ここまでできあがってくると、国の徳もはっきりしてきます。

徳ということで、ソクラテスは四つを挙げます。**知恵**、**勇気**、**節制**、そして**正義**です。敬虔《けいけん》を入れて五徳とすることもありますが、ここでは四つです。

知恵はもちろん、守護者のものです。それを得るために守護者になる教育が延々と語られていくことになりますが。勇気は、もちろん、守護者の助手たちです。

哲人王の理想国家

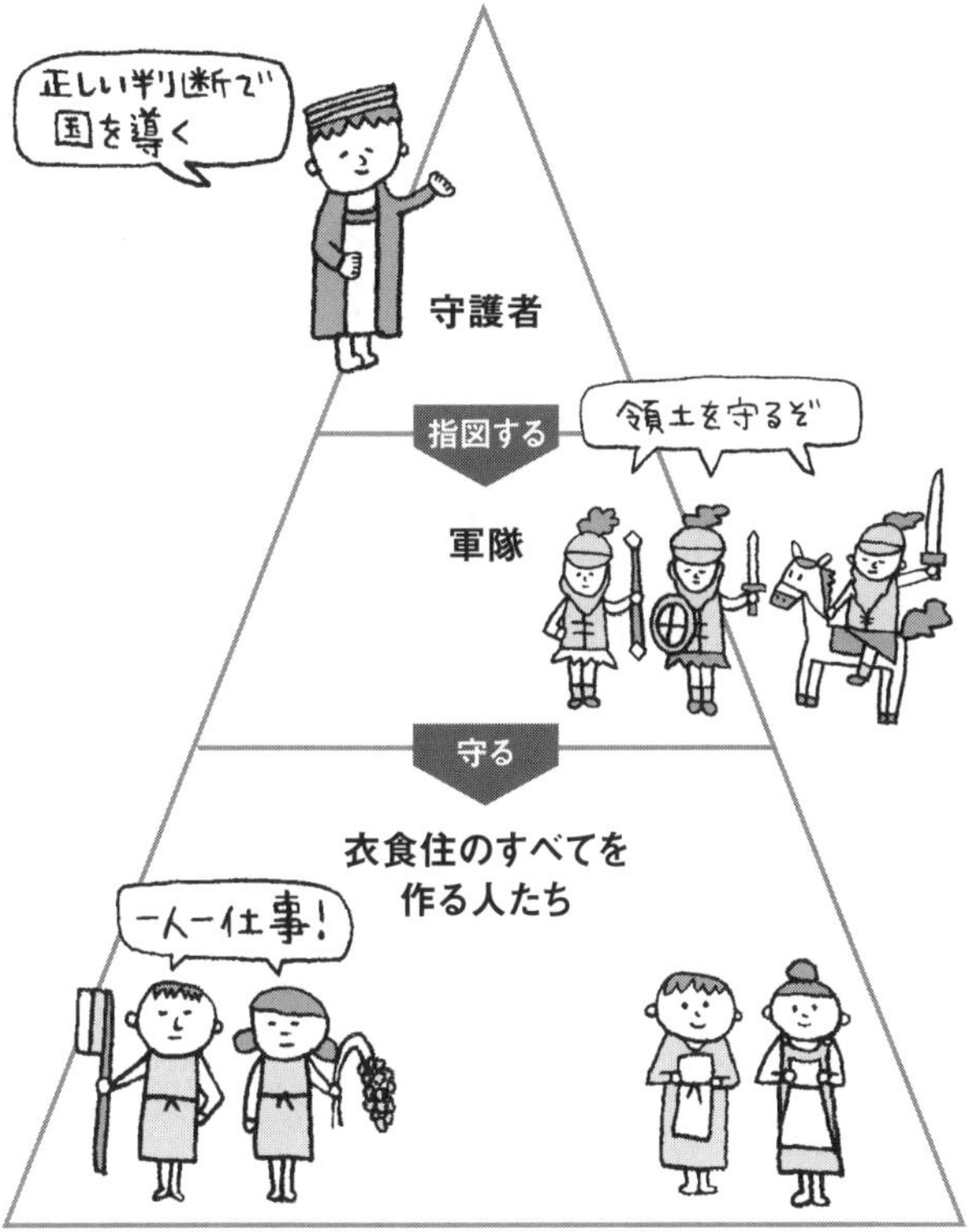

節制と正義は、今までと少し話が違います。ある一つの種族にあるというものではありません。

節制とは、「**自分に勝つこと**」で、優れた部分に劣った部分が従うことだとソクラテスは言います。国家の話で言えば、少数の、知恵ある守護者に従うこととなるのです。そうなったとき、数から言えば国家の小数部分に、多数者が従っているのですが、国家という集団のことを考えた場合には、ものに関わる多数の人たちが、知恵によって物事を決めてくれる少数者に従うことこそ、優れたものに従うことであり、劣った自分に勝つこと、節制だということになるのです。

正義も、種族全体のことです。それぞれの種族に属する個人は、初めから言われていたように、自分の素質に合った、自分の仕事だけをすることになって一つの種族としてまとまっているわけですから、素質もないのに他の種族の仕事にまで手を出すのは、あるいは、自分の種族の素質に合わない仕事をしようというのは、正義に反することです。自分が生まれるときに分け与えられた素質に合わせて、各種族に今属しているわけですから、それを無視したり、放り出したりすることは、決まりに反すること、不正に他ならないというわけです。

四つの徳

知恵
勇気
正義
［自分の素質に合った仕事だけをすること］
節制
［少数の守護者に多数の人々が従うこと］
哲学者を王に戴く国家こそ理想
プラトン

そこで**この国を成功させるためには、何よりも、正しい判断のできる人・守護者を確保することが大事**になります。

この守護者こそ、ソクラテス－プラトンの言おうとする「哲学者」なのですが、もちろんその素質があっても、そう簡単に守護者＝哲学者となれるわけではありません。そこで、かなりのページ数を割いて、あるいは、それこそこの本のメインテーマであるとして、丁寧に、哲学者の作り方、要するに、哲学者にするための教育が語られることになります。

そして、めでたく哲学者が登場し、哲学者の支配のもと、その国家は四つの徳を備えた立派な国家として、ですから、正しい国家として、出現します。

徳のある、正しい個人

では、正しい個人のほうはどうでしょう。

正しくない国家とか集団についてはうまく言えたのです。同じ集団に所属する人たちがお互いよけいに取ろうと争って、取り合いになり、最後には、集団が崩壊しかかるという話でした。でも、それに続いて言われる、正しくない個人のことはあまり釈然としません。個人のなかで、自分に反対する自分というのは、何なのでしょうか。

私たちだったら、身体と心なんてところで逃げられるかもしれません。たとえば、万引き。「悪いってことはわかってたんですが、欲しいものを見るとつい手が出ちゃって」なんていう言い訳は、明らかに私の心（＝魂）と私の手（身体）が争いあって、私が崩れかかっているということなのでしょう。これは、現代の言い方だったらありかもしれません。

でも、昔のアテナイの人にとっては、あるいは、少なくともプラトン－ソクラテスのような哲学者にとっては、**身体は脱ぎ捨てられる着物のようなもの**だったのです。魂と争いあえるような積極的な働きなどしないものでした。だからこそ、『ソクラテスの弁明』のなかで、ソクラテスの葬儀を心配するクリトン（さっきのあのクリトンです）に向かって、ソクラテスは、「死体は私ではないのに」と嘆いたのです。

でも、そうだとすると、私は、身体と魂からなる集団ではないということになります。私という個人は、「複数のものからできている集団」で、だから、国家と同じように、不正を犯したりすることがあるのだということにならないと、あるいは、そこがはっきりしなくては、私個人と、国家を比べるのは無理でしょう。

ソクラテスがここで問題にするのは、個人の魂のことです。とすれば個人の魂のなかにも、国家のときと同じような三種族がいて、対立することもあるのだということにならないと話は進みません。

そうなると、私たち一人ひとりのうちに、国家のうちにあった三つの性格がなければならないことになります。

「**国家は私たち一人ひとりを合わせてできているものなのだから、私たちのうちにないものが突然国家になったとき出てくるはずはないだろう**」と、ソクラテスはそのとき相手になっていた、プラトンの兄のアデイマントスとグラウコンに向かって話を進めます。グラウコンはあっさりとソクラテスの言い分を認め、話は途切れることなく先に行くのです。

魂の働きは一つ、でも三つの部分がある

話し相手の同意を得て、ソクラテスはさらに続けます。魂の働きは一つ、自分の持

たない善いものを求めるという「**愛する**（philein《フィレイン》）」ことなのです。その意味では魂は一つです。とすると、一つである魂が、「時に応じて、肉体や物や金を欲しがったり、名誉を欲しがったり、知恵を欲しがったりして、様々なことを行おうとする」のか、それとも、「魂は肉体とか物とかお金といったものを好きな（philein）部分、名誉を好きな部分、知ることを好きな部分の三つに分かれている」のか、そのどちらであるかを考えなくてはならないだろうということになります。

　これの説明のために結構長い時間がとられます。でも結局、「飲み『物』（たとえば酒）」を欲している自分が、同じ、「物」好きの自分に欲しがるなと言えるのだろうかということで決着がつきます。

「物」好きの自分は、「物」好きなことが素質として備わっているのですから、素質と反することを自分から取りやめることなどありえません。「飲み物（酒）」を飲みたいのですから、飲むというのは当たり前の話なのです。それを取りやめるように誘い込み、取りやめさせるのは、あるいは、取りやめるよう命令するのは、別の素質の自分しかいないでしょう。

　酒を飲みたがっている自分を止めるのは、自分のなかの、たとえば、医学的な見地から酒は飲みすぎはいけないと言える素質を持つ自分です。

ここで、さっきから何となく登場していた「生まれつき持っている素質」ということの意味がはっきりします。生まれつき持っていたのは、決して、大工術とか機織《はた》り術などの技能ではなく、ここで言えば、「物好き」と言われる素質、「何が好きか」という「好み」が人に生まれつき備わっている素質のことなのです。

とすれば、私の魂のなかには、さきほどの、国のなかの種族と同じように三つの種族があるのだということになります。そして、それぞれの部分は自分の好みを通そうとするのです。

『国家』では、この三つを、**金銭・利得を愛する（philein）部分、勝利・名誉を愛する（philein）部分、学問・知ること・変わることのないものについての知、それを愛する（philein）部分**と呼び、どの部分が勝っているかで、その人を金銭・利得好きの人、名誉・勝利好きな人、学問・知恵好きな人と呼ぶことにしていました。

問題はここからです。ソクラテスは個人の魂について、ここまで語り、どの部分の好みが通るとき、それが本当の楽しみを獲得できるのだろうかと議論を進めていくのです。

というのも、それぞれの部分はそれぞれの求めるものを獲得すること、要するに楽しいことを求めるのだけれど、一つのことにのめり込むと他のものを忘れがちなので、三つの楽しみに優劣をつけておきたいと言うのです。

結果は、**三つの楽しみを三つとも知っている、知を愛する部分の強い人が主張する楽しみこそ本当の楽しみ**で、その楽しみこそ三つの楽しみに優劣をつける際、正しい判断を生めるのだということにして、知を愛することから生じる楽しみに軍配をあげるのです。次は、名誉、そして金銭などは最後です。

正しい生き方って？

ということになれば、節制と正義の人であるためには、自分の生まれながらの素質である、魂の一部分の「欲求」を楽しむときにさえ、魂にある、この**知を愛する部分に従って、自分の「分《ぶ》」を守って、その範囲で追求し、楽しむのが、正しい生き方**なのだということになります。

国家の場合と違うのは、この場合は個人の魂のなかの話です。自分で、自分の知を愛する部分に従い、分を守ることを決めるしかないのです。でも、もしそうできる魂であるなら、初めから、知を愛する部分に従い、自分の分は守り、知を愛する快楽を優先させているはずではないですか。要するに、哲学者ということです。でも、そうは言っても、いざとなったら、そんなことを言っていられないほど、他の二つの楽しみのどちらかに心惹かれてしまう人が多いのです。

というのも、そういう人たちは、そもそも、持って生まれた好みが、知のほうには向かわず、残りの二つのどちらかに向かうものですから、いざとなったらそっちを通したいと思うのは当然でしょう。そこで、人間としての格が、二番目、三番目に落ちてしまうということになるのです。

これで話がうまくつきました。四つの徳は、ちゃんとところを得ました。国家のなかでも個人のなかでも。

そして、こういった話ができた根拠まで挙げられます。あの有名な**善のイデア**の話です。

善のイデアは、この対話篇だけではなく、すべての対話篇の議論の、そして、対話篇でなくても、ものを考えるときならいつも、私たちを照らして、イデアを見せてく

魂の三分説

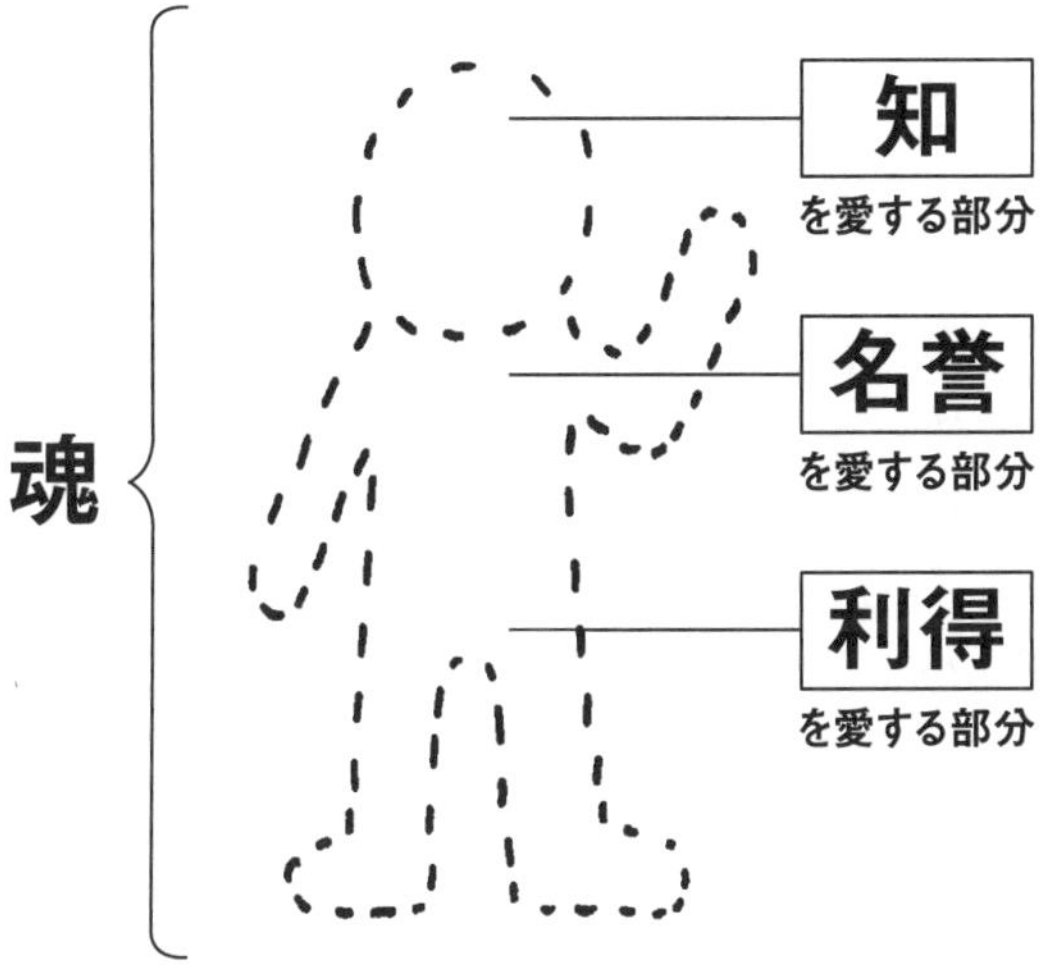

・知を愛する部分に従って自分の「分」を守り

節制しながら楽しむのが正しい生き方。

・何を愛する部分がより強いかで

人間としての格が決まる。

れるものでした。善のイデアこそ、ソクラテス－プラトンが行きついた、**善＝ロゴス＝理性**だったのです。そして、このことを了解できた者こそ哲学者でした。イデアについては、改めて触れますが、これで、『国家』篇は話がついたようです。

ついでながら言っておくと、プラトンがこんなに注意しながら、前述のように哲人王の話を述べ、そして、教育の仕方まで丁寧に挙げたのに、実際に哲人王を作ろうとし、しかも、それはとても無理そうだと思って、王を哲人にするという、よりやりやすそうなほうもやってみたのに、シケリアで成功しなかったわけもここにあるのではないでしょうか。

民主主義などですと、初めから多くの人が政治に関わっていますから、そんな多くの人を最下位において、彼らの楽しみは理性で抑えたほうがいいなどと主張する哲学者を、彼らがトップに選ぶはずはありません。だからプラトンは、民主制下などではなく、王制下で、すでに王になっている者を哲人にすることを考えたのです。

トップにいる一人を哲人にすればいいのです。何となくできそうではないですか。その人しか政治に関わっていないはずですから、抵抗なく哲人王の政策を推し進められるでしょう。たぶんそう思って、プラトンはシケリアに行ったのではないでしょうか。

でも、それは考えが甘かったのです。王の周りには、対等ではないけれど、要するに少し能力の落ちた人々であるかもしれないけれど、取り巻きがたくさんいます。そんな取り巻きが知を愛する人だといいのですが、王の取り巻きになってくれるような、**「知を愛する人々」など、最初の規定からして、たくさんはいるはずもなかった**のです。

ディオニュシオス2世の周りには、ディオンがいましたし、彼の仲間もいたでしょうが、そうでない人もいたのです。しかも、数から言えば、ソクラテスも言っているように、知を愛する人である仲間より、そうでないものを愛する人々のほうが圧倒的多数だったはずです。

そうだとしたら、**自分たちの王が知を愛する者になってしまうのはうっとうしいかぎり**です。自分たちの知を愛する部分はそれほど強力ではないのですから。とすれば、王に哲人になってほしいと願うのは、ほんの一握りです。ディオンの追放、プラトンの幽閉は当然の結果です。

だから、哲人王を作りたいなら、多くの人々を哲人にするしかないでしょう。そのとき、その多くの人々は自分と同じ快楽を至上としている王のために何かができるはずではないですか。

でも、その時代から何千年も経つ今日まで、哲人を王とする国家は一度も誕生しませんでした。哲人王になるための教育を受けた者でさえ、あるいは、受けたからこそ、言ってみれば引きこもって、自分の好きな、知の探究を進めようとしたのでした。

対話術の習得

めでたく教育されたのち国家の統治者になってくれるかどうかは別にして、哲学者訓練の教育のなかで、最も大切なものとして、**ディアレクティケー**（dialektike）の技の習得というのがあります。

これは、前にも言っておいたことですが、論じあう術とか、対話術とか、話し合いの術などと訳され、ソクラテスが生涯をかけて、いろいろな人々に向き合って、行ってきたことでした。そしてその行きつく先が、『ソクラテスの弁明』によれば、自分との対話であり、神（神託）やダイモンとの対話だったのです。プラトンがソクラテスに感服していたとすれば、彼の語る哲学者教育のなかに、ディアレクティケーの技があるのは当然です。

具体的にそれが、どういうものか説明もされ、そのうえでそれを使って話を進めていくのが、『パイドン』でのソクラテスの**「魂の不死」の証明**です。そこではプラトン哲学と言えば、思いつく人はすぐ思いついてしまう「**イデア**」というものも重要な役割を演じています。

哲学者というのは、とにかく不変の真理を追究する人たちである、と日頃から理解されていましたし、プラトンの対話篇のなかでも、知（ということになれば、ただの思惑とは異なり、いつでも、どこでも、誰にでも、間違いなく真理だと言えることですが）を愛し、追究する者ということになっています。そして、プラトンがソクラテスこそ哲学者だと考えているなら、哲学者の習得すべきものとして、ディアレクティケーが挙がるのは当然です。でも、イデアって何でしょう。どうして、論じあいの技とイデアが関係しているのでしょう。ソクラテスはそんなことを言っていなかったようだし、では、イデアって何なの？　ということになってしまうはずです。

確かに、「話し合い」について、その大切さは日常的にはよくわかります。話し合いがついていないと、両者別々のことをしてしまうことになり、後で大喧嘩《おおげんか》になることだってあります。

もちろん、哲学者に求められているディアレクティケーは、そんな、効果のすぐ見える日常的なものではありません。ですから、偉い先生方はこの語に「話し合い」とか「対話」とか訳語を付けるとき、この語の前に、ちゃんと「哲学的」などという原文にはない形容動詞を付け加えています。

実は、プラトンが問題にする、この哲学的対話の技には、それなりのやり方があったのです。何でもべらべら話をすればいいというものではありません。それが丁寧に語られているのが、先ほど挙げた『パイドン』という対話篇なのです。

そこでは、哲学的対話術が紹介される前、ソクラテスの回顧談が語られます。自分は、物事の在り方、有るべき姿などを知ろうとして、様々な哲学者から様々な説を聞いたのだが、物事の有るべき姿の原因や根拠について本当のことを語っている人はいなかった。そして、それから彼は、彼の考えた、それを探求するための方法、哲学的対話術を語ってみせたのです。

これは、「**まず前提を立てる**」という方法でした。前提という単語はギリシャ語では hypothesis《ヒュポテシス》と言います。基礎定立などと訳されることがありますが、いずれにしろ、何かを考えよう、議論しようとする場合に、提出し納得しあっておかなくてはならないものです。そして、そこから先の議論や考えはこれに基づいてなされるのです。

この、前提を立てるというやり方は、今の研究者もとっている方法ではないでしょうか。今だったら、前提を、長年の実験とか、観察とかによって作り出すものかもしれません。ただ、そういったもののなかったこの当時としては、今までのいろいろな人の意見を考えたうえで、これこそと思ったものを前提として立てるしかなかったでしょう。それで成功して以降、現代にいたるまで、「学」と言われているのは、平面幾何学です。

したがって、ソクラテスの言うところによれば、哲学的に対話しようとしている人は、**いつも、自分に最強だと思われる言論を前提として置き、それに合うものは真とし、そうでないものは真ではないとする、**それが原因根拠を求める場合だけではなく、他のあらゆる問題についても妥当な解決方法ということになります。

前提から結論へ

確かに、まず最初に立てるものは、自分にとって最強と思われるものでしかありません。判断材料はそれしかないのですから。

もちろん、対話していくのですから、その、まず自分が最強と思うものを取り上げ、対話相手の同意を取りつけなくてはなりません。でも、同意が得られたら、それから先は、それによってどんなことがその前提と合うことなのか、どんなこととは合わないのかを、話し合いながら一緒に考えていくことになります。

ただし、途中で、立てておいた前提の真偽にこだわる人が出てきたりしたときには、今やっている、何がこの前提に合うものなのかの考察が済むまで、待っていてもらうことになります。そうでないと、話がこんがらかることになり、出るはずの結論まで出ないことになるでしょう。

そして、めでたく、その考察が済んだとしても、その答えはあくまでもここで、この前提を認めて、対話しあった人々の納得を勝ち得たもの、要するに、とても限定的、個人的なもので、哲学が称賛するような、いつでもどこでも誰にでも同意してもらえる、普遍的な真理というわけにはいかないでしょう。

もっとも、前提から答えが出た後には、そこにいる人たちによって認められているだけの前提についても、今度は理由づけをしていかなくてはならないわけですから、

前提を立てて真偽を見据える＝証明方式

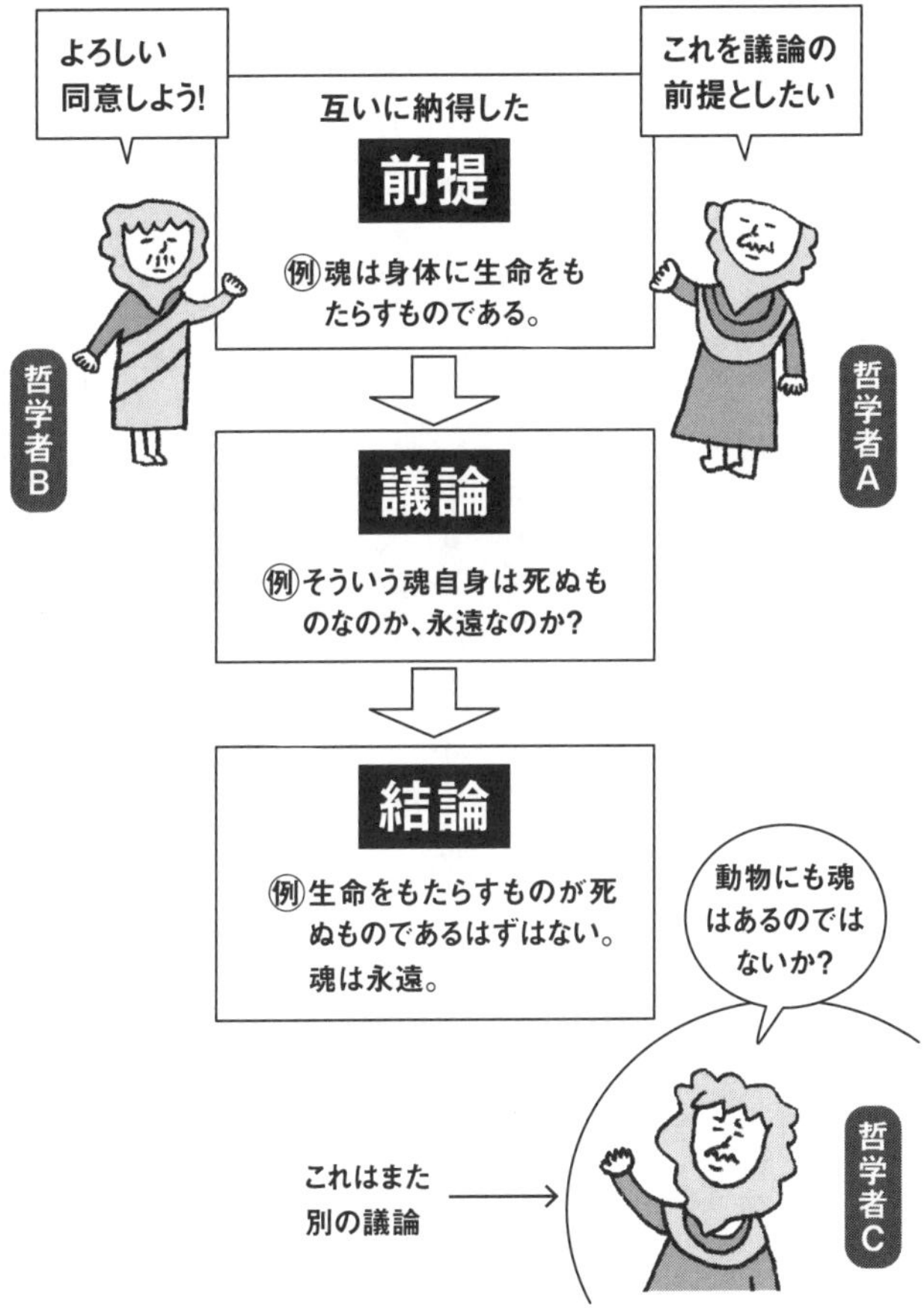

ある意味、公平なやり方です。でも、そのとき使われる方法も、実は「もちろん同じ方法で」と言われるさらに上の前提（さっきは最強と思われる前提という言い方でしたが）を立てるという方法なのです。**上位にある前提のうち最善（さっき最強といったのと同じです）のものを前提に立てて、話を進めていく**のです。

そして、この段階での対話も終わったら、そこで立てられた前提をまたさらに理由づけしなくてはなりません。さらに上位の前提を立てなくてはいけないということです。そしてその前提もまた、もっと上位の前提を立てて……となると、これで、本当に、もう十分、本当の終わりよ、などというものに行きつけるのだろうかと心配になります。

この対話の、この場面では、今はそれで済んでも、他の場面、他の人たちを相手にしたとき、同じようにその前提が認められるのだろうかとか、心配はいろいろあります。だから、こういうやり方では、普遍的な真理に行きついたなどとは言えないのではないかということも心配です。

現代の私たちだったら、いつまで経っても本当に十分な前提になど行きつけないのだから、ある前提のもとに研究している科学は、その前提を、上位の前提を立てることによって考え直すことで、無限に発展していく可能性があるのだとか、誇らしげに言うかもしれませんが、何しろ古代ギリシャの話です。前にも言いましたように、**「止めどなく無限に」というのはご法度《はっと》**のはずなのです。

でも、とにかくここでは、こういった前提の方法を使って、ソクラテスはこの場の話題「魂の不死」を論じあっていこうとしたのです。

ソクラテスの相手になったような気分で、前提の方法を使った、ソクラテスの対話に入っていってみませんか。

魂の不死

証明しなくてはいけないのは「魂の不死」です。そして、彼が前提として立てたのは、**「イデアこそ存在する」**ということでした。

これはどちらも、今となってはあまり評判のよくない説です。魂って不死よねえ、などと友だちに言ってみてください。まず、ウッと引かれてしまうでしょう。でも、ソクラテスの生きているのは、今より数千年も前なのですから、そういった考え方が、ギリシャにも、インドにも、そしてそこから日本にも入ってきて、みんなが信じていたのだと思って聞いてください。

イデア論というのも、同じように評判のよくない説です。イデアについては、プラトンの対話篇のなかでいろいろ語られています。ただ、とても厄介《やっかい》なのは、プラトンがイデアといいエイドスとも言っている、イデア論の「イデア」という言葉あるいはエイドスと言い換えられる言葉は、実は「見る」という動詞から作られた名詞だということなのです。しかも、その当時のギリシャ語でも、普通に使われていて、「姿」「形」「容姿」という、見たところとか見かけとかいった意味に使われていたのです。

これがなぜ厄介かと言えば、プラトンはこの言葉を使って、それとはちょうど反対のことを言おうとしたからです。

たとえば、プラトンが「美のイデア」と言えば、それは、個々のものの美しい姿かたち、だから、当然日が経つと、消え失せたり、人によって異論が出てきたりなどするもの、そういったものなどは意味しません。その反対の、**いつも変わらない、誰にとってもいつも同一の在り方をしている美しいもの**、ですから、決して醜《みにく》さなどをどんな意味でも含んだりしないもの、それを指そうとしたのです。

そんなものが、目に見える、あるいは感覚できる美しいものなどであろうはずはなく、だからイデアという言葉のもとの意味、「見る」というのとは、ほとんど裏返しの、感覚でなく思考でとらえられるものを意味することになったのです。そんなわけで、プラトンの対話篇を訳す日本の学者の方々は、イデアに「実相」とか、「真のもの」とか、「有るもの」とかいう訳を付けることになるのです。

もちろん、同じ「美」という言葉を使っているのですから、まったく正反対のことではありません。でも、美しいものどもは、時間が経つと醜くなるでしょうし、あるいは時代や土地によっても、たとえば美しい人と呼ばれる人は違ってきます。平安時代の「美しい女性」は、今の私たちにとっては、よほどの注付きでしか「美しく」は見えませんし、思えません。

そんな厄介なことでなくても、話は簡単です。この現代に限っても、「すべての女性は美しい（がダメでしたら、かっこいいでも、素敵でも、一昔前ならイカすでも、何でもいいのですが）」と言う男などいないでしょう。どんなに人気の高い女性タレントだって、「あの女はきれいなんかじゃない」と言う男は必ずいます。人によって、誰を美しいと見るかは様々なのです。

でも、プラトン－ソクラテスが言った「美のイデア」、それは変わることがないものなのです。ですから、イデアのことは、イデアではなく、「**そのもの**」とも言います。美だったら、美そのものと言うのです。

これも耳に馴染まない言葉かもしれませんが、たとえば、「美そのもの」と言えば、美以外のもの、反対である醜《しゅう》などはみじんも含んでいないという意味になります。醜をみじんも含んでいないのなら、どこから見ても（考えても）、いつだって、美です。美でなくなることなどないのです。

でも、そんなものを想定する必要があるのでしょうか。この世のものは、移り変わっているのです。ヘラクレイトスやプロタゴラスの言うとおりです。もっとも彼らの言い方は幾分極端ですが、それでも変わらないものはないということは本当です。この世の中にあって、変わることのない「そのもの」なんてものを考えてみる必要が、どこにあるのでしょう。

しかもそんなものがあるということを、この議論の前提にしようと言うのです。前に言ったように、前提というのは、その議論をしようとしている相手同士が納得できるものでなくてはいけません。

イデアなんてものを前提に立てるより、どっちかと言うと、イデアなんてないよという前提を立てたいなどと思われるかもしれません。それが、今の時代の大方の意見でしょう。だって、すべては変わっていくのですから。でも、ソクラテスが強固なものとして立てた前提は、「イデアこそある」だったのでした。

もう一度、イデア

この言葉を考えるために、**「もし、イデアがないとしたらどうなるか」**を考えてみませんか。

プロタゴラスの「人間尺度命題」を思い出してください。あの命題によると、誰でもいつでも、本当のことしか言わないのでした。

その主張ができるのは、言葉に、確かな、決まったものはないからです。「このコーヒーは熱い」と言えば、誰がいつ言った言葉だろうとそれは真となります。「コーヒー」と言い、「熱い」と言い、それが何を言っていることかは、すべての意味で、というのは、言った人によっても、言ったときの状況によっても、変わるものだからです。要するに、何を言っても、何かを言ったことにならないということです。

しかも、言った人＝「誰でも」のほうも変わっていくのです。ソクラテスより少し前のギリシャの哲学者ヘラクレイトスの「同じ川には二度入れない」というのも、それは、川の水が流れ去ってしまうからですが、入る人間のほうも変わるからです。こちらのほうはすぐには気がつかれないとしても、3歳のときと50年時がたった今とでは、残念ながらまったく同じ感覚を持った同じ人間とは言えません。同じ人間でも、同じ感じ方ができるなどとは保証できないのです。

そうだとすると、「君はさっきそう言ったろう」なんて文句をつけられても、「そうかもしれません。でも今の私はさっきの私とは違いますから」なんて言い抜けることだってできるわけです。だとしたら、何を言うのも自由ということになりますが、そもそも、話し合いだろうと哲学的対話だろうと、そしてもっと現実的な裁判や政治の話し合いだろうと、まったく成り立たなくなります。相手の言うことなんて真面目に聞く必要はないし、聞く意味もありません。「勝手に何でもしゃべっていれば」、です。

でも、私たちだって実は、平安時代に使われていた例えば「美《くわ》し」などを、私たちの言葉「美《うつく》しい」と言い換えて、理解しようとするではありませんか。それだけではありません。夕焼けの美しさと猫の美しさとは違うのに、同じ「美しい」という言葉で言うではありませんか。それはなぜなのかということです。

つまり、**美しいと言われている「もの」は変わっても、そのとき、それに向かって言われた「美しい」という形容詞と、今私が使おうとしている「美しい」という形容詞には何か共通の意味・力がある**からでなくてはならないでしょう。それをたとえば、「美しいもの」ではなく、変わることのない「美そのもの」、変わる要素をまったく持たない「美のイデア」と呼んだのです。

イデアの分有

「美しい」という形容詞には、時代や場所を超えて共通な力がある、と今言ってみたのですが、確かにそれがなければ、そして、どんな言葉にもそういった面がなければ、古語を現代語に訳すことも、そして、他の国の言葉を自国語に訳すことも、要するに、翻訳という仕事も無意味になります。

でも、なぜ、翻訳は可能なのでしょうか。なぜ共通の力が保証されるのでしょうか。

それを可能にするのは**想起説**だ、とソクラテスたちは言うのです。たとえば、私たちには、個々のものの、この美しさしか見えないのに、どうして同じ「美しい」という言葉が使えるのか、ということの答えになる説です。

その説について、ソクラテスは言うのです。人間は生まれる前に、たとえば、美のイデアを見ていて、でも生まれる瞬間、それを忘れることになるのだけれど、生後何年か経った後で、**何かものを見たとき、思わず「美しい」と言えるのは、そのとき、あの「美のイデア」を思い出すから**なのだという考えです。だからこそ、その言葉、その言葉のもたらす感動は、生まれる前に同じイデアを見ていた他の人にも伝わるわけです。

これは、ピュタゴラス派の魂の輪廻《りんね》、要するに、死んだ後も魂は死なないし、死んだ後、そこで、イデアを見、それからまた生まれるとき忘れ、生まれたあと思い出し……を繰り返すものなのだという説に、裏付けられているのです。

ソクラテスの出したイデアというものの前提によって、イデアこそ本当にあるもので、たとえば美のイデアは常に美と呼ばれるのだし、私たちがこの世のものを美しいと言えるのは、見ている私たち（の魂）が、すでに、美にイデアを見ていて、しかも見られているこの世のものが、その美のイデアを、丸ごとではあろうはずはないので

想起説

…と思わず言えるのは、私たち(の魂)が生まれる前に「美のイデア」を見ていて、それを思い出すからである、とソクラテスは考えた。

すが、**少しもらってはいるから**だということになるわけです。

この「少しもらっている」というのを**分有**と言い、これはイデア論を語るときの、イデアと物との関係を表すときによく使われる言葉です。分有しているとは、この世のものがイデアに関与しているとか、与《あずか》っているとか、ちょっとイデアに触れているとか、そういったことを表す言葉です。

これをまとめて言うと、この世にある個々のもの、たとえば、この猫を「美しいね」と言えるのは、この猫が美のイデアを分有していて、しかも私の魂が、生まれる前、その美のイデアを見ていたからだということになるのです。

少しは、イデアこそあるのだという前提を理解していただけるようになったでしょうか。でも、実は、『パイドン』のなかでは、前提に関してこんな騒ぎは起こりませんでした。

そこでのソクラテスの対話の相手は、シミアスとケベスという若者。二人はピュタゴラスの教えを受けていたと言われています。とすれば当然、幾何学とか音楽とかピュタゴラスが教えていることは、完全とまでは言えなくても、一応は了解済みのはずです。そして、それだけではなく、魂の輪廻転生《てんせい》もすでに聞き及んでいたということ

イデアとは?

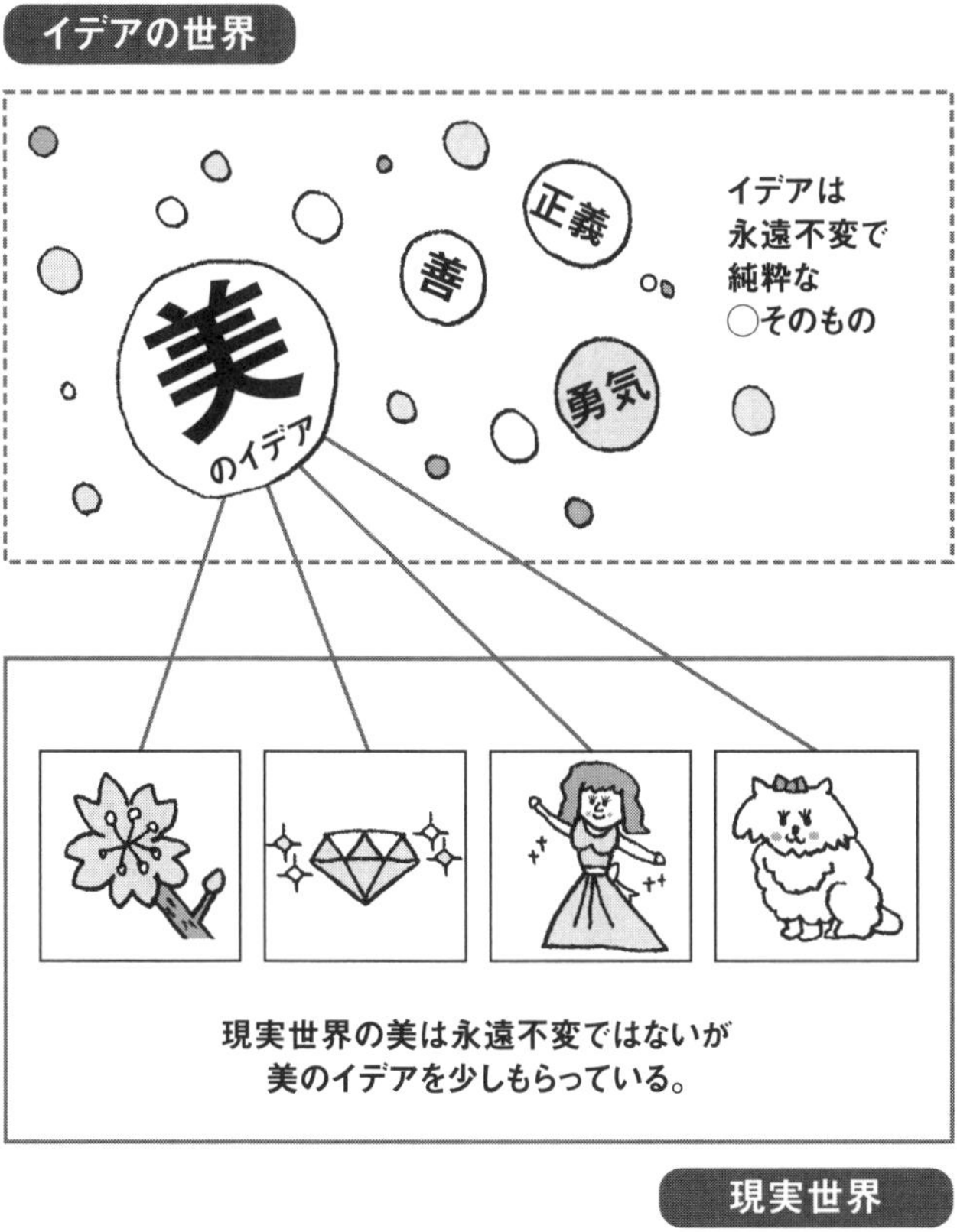

イデアの世界
正義
善
美
のイデア
勇気
イデアは
永遠不変で
純粋な
○そのもの
現実世界の美は永遠不変ではないが
美のイデアを少しもらっている。
現実世界

もできます。想起説まで聞き知っているとすれば、彼らが、ソクラテスの証明の前提として、「イデアこそ実在する」をあっけなく受け入れたのは当然でしょう。

逆に言えば、彼らを対話の相手として、『パイドン』のなかの魂不死論を構成したプラトンの勝利とも言えます。

「魂の不死」の証明

ソクラテスが、「魂の不死」を証明するため、前提の方法をどう使って、どう論を進める気なのか、ついていってみませんか。

魂不死の証明の前提は、「イデアがある」でした。ではその後、どう進むのでしょう。

ソクラテスは、私たちが他人から、「なぜ美しいのか」とか、「なぜAはBより体が大きくてCよりは小さいのか」などと聞かれたときには、「肌がすべすべしていて、小顔だけれど、目が大きく澄み切っていて……」などと答えるのではなく、そのときに応じて、自分のなかにある「**美のイデア**」「**大のイデア**」「**小のイデア**」をそれぞれ差し出し、「○○のイデアを持っているからだ」と答えるのがいいのだと言います。

私Aが大きくて小さいのは、B氏の「小のイデア」に対しては「大のイデア」を差し出し、別のC氏の「大のイデア」に対しては「小のイデア」を差し出すからで、だから「私」については私は同時に大きいし、小さいと言えるのだけれど、そのときでさえ、私の持っている「大のイデア」は、大きいまま、小さくなどなっていないのです。「小のイデア」も同じことです。要するに、私は、たとえば比べる相手によって、大きくも、小さくもなって、反対のことを受け入れるわけですが、そのときでも、私のなかにあるそれぞれのイデアは、私のなかにあってもイデアであるので、反対のことは受け入れないのだということです。

これはそもそも、そういったものとしてイデアのことを決めたのですから、当然のこととして議論は進んでいきます。

この話のすぐ後に、ソクラテスは雪と火の話を持ち出します。雪は「冷たさ」と、火は「熱さ」とは異なるものだけれど、冷たい雪に、反対の熱いもの（火）が近づくと、雪は熱い雪などにならず、熱に場所を譲って立ち去るか、滅びるかするだろう。そしてその逆も、要するに、冷たい雪が火に近づくと、火も冷たい火にならずに冷たさに場所を譲《ゆず》って立ち去るか滅びるかするだろうと言い出します。

なぜここで急に、雪とか火とかいった日常的なものの話になるのか不思議ですが、ソクラテスは、こう言います。

イデアはいつも自分の名で呼ばれること、たとえば、熱さのイデアは熱いと呼ばれることを要求しますが、**イデアでなくても、存在しているかぎり、そのイデアの名で呼ばれることを要求するものがある**のだ、ということを言いたかったためだとするのです。雪は冷たさのイデアではありませんが、雪として存在しているかぎり「熱い」と呼ばれたくない、「冷たい」と呼ばれたいのだということを言いたかったのだそうです。

これが、魂の不死とどう関わるのか不思議ですが、次には、数の話が出てきます。自分の名で呼ばれると同時に、必ず別の名で呼ばれることもあるという話なのですが、ソクラテスはまず、「奇数」というものを考えます。

1、3、5、7……と続いていく、あの2で割ると1余る数たちのことです。あれは、奇数という名前で呼ばれます。でも奇数が奇数と呼ばれるだけでなく、もともとは奇数の一員にすぎなかった、たとえば、3という数ですが、これも、自分の名前である「サン」と呼ばれると同時に、「奇数」とも呼ばれるのです。もちろん、3は奇数そのものではありません。でも、先ほどの話に照らせば、奇数の反対の偶数が近づいてきたとき、

3は3のままで偶数を受け入れるより、滅びるほうを選ぶでしょう、という話になります。

ということは、3のイデアに占拠された事物は必ず、3になるだけではなく、奇数性も受け入れ、偶数のものにはならないということです。3個の蜜柑《みかん》は、切るとか剥《む》くとか、そういった、個という形をそもそも崩してしまうような変化を受けないかぎり、3個であって、偶数個ではない、だから二人の人に切らずに同量の蜜柑を分けるわけにはいかないのです。

ここでソクラテスは新しい、賢い答え方の提案をします。「熱くなるのは何が生じるからか」と聞かれたら、「火が」と答えようと言うのです。

これがどうして賢い答えかわかりませんが、「数のうちに何が生じるとき、奇数になるのか」という問いには、「1が」と答えるほうが賢い答え方だというのは、何となく納得もいきます。

そして、いよいよ最後です。こういった考え方を披露し、了解を受けた後、ソクラテスは、自分の言いたかったことを言い出します。

彼は聞きます。

「体のうちに何が生じると生き物になるのかね」

妙な問いですが、でも「魂が」と言うしかないでしょう。

「いつもそうだね」「魂が占拠したものはそのものにいつも生をもたらすね」と畳み掛けます。そして、改めて、「生に反対のものとは」と尋ねるのですが、これの答えも、もちろん「死」以外にありません。

こうなると、ここから、魂は、生とは反対のもの＝「死」を決して受け入れない、要するに、不死のものなのだと続くのは当然の成りゆきです。

「やあ、魂が不死になった！」とホッとするところですが、でも、ソクラテスは続けます。というのは、雪のところで言われたのは、冷たい雪に反対の熱さが近づいてくるとどうなるかということでした。選択肢は二つ、立ち去るか、消滅するかでした。たぶん、経験的に言っても、「消滅」が選ばれるでしょう。では魂のほうはどうでしょう。死を受け入れず不死になるのはいいのですが、ここでも選択肢が二つあるはずです。立ち去るか消滅するかです。そして、対話の相手の若者は、当然、**不死＝不滅**（消滅しない＝滅びない）と了解して、不死のものが不滅でないわけはありません、と半分は誘導される形で断言するのです。

魂は、死が近づいてくると、立ち去るのではなく、滅びる（消滅する）のだという可能性はここで封じられます。めでたく魂は、不死で不滅となりました。これで、目指すところにたどり着き、二人の若者は、納得し、安心してソクラテスの死を見守ることができるはずです。

ソクラテス－プラトンの考えた善

でも、本当はこれで終わりではないのです。初めにも言っておきましたが、これは前提のうえに成り立った議論です。「イデアがある」としたら、という前提でした。

もちろん、幾何学だったら、証明不要の公理が前提なのですから、これで証明済みでしょう。でも、ソクラテスは言っていたではないですか。前提から出てくる事柄を見極めた後で、前提については、さらに上位の善い前提を見つけて、対話して証明していかなくてはならないのだ、ここで行ったのと同じやり方で、と。

そういうことだとすれば、本当に十分で、本当に終わりというものに行きつけるのだろうかと心配になります。実際、古代ギリシャ人の嫌いな無限後退に陥らないような前提などあるのでしょうか。私たちはかなり懐疑的なのですが、プラトン－ソクラテスの考えるところではそういうものがあるようなのです。

「anypothetos《アニュポテトス》」という形容詞付きで紹介されるものがあります。先ほど触れておいた『国家』という対話篇のなかでです。anypothetos というのは、an-hypothetos という語です。おわかりいただけましたか。

an は英語などでも見かける un- とか a- とかと同じく、否定を表す接頭語です。そして hypothetos《ヒュポテトス》、見覚えはありませんか。hypothesis は、前提という意味の単語でした。ですからこの形容詞は、前提のない、前提の要らない、と訳されるはずですし、日本のギリシャ語辞典には、その後に、「**無条件の**」という訳語も載せています。そしてこれが指しているのが、哲学者教育の最終段階、**善のイデア**のことなのでした。

それは誰だって、もうこれしかないという、絶対的なものAを一つ見つけて、それに合うものを良しとして、それで事が運んでいったらいいなあと思うでしょう。他人から何か言われたときも、「あなただって絶対的だと思っているでしょう、あのAよ、あのAに合ったことをしているのよ（あるいは、言ってるのよ）、悪い？」と言って、正当性を主張できるからです。

大体、宗教っていうのはそういったもので、でも宗教がしばしばうまくいかなくなるのは、その教団では絶対的な真理であるAが、他の教団ではそうではないということが多々あるからです。こうなったときの宗教戦争ほど恐ろしいものはないはずです。相方ともに、他を許せないほど確固としたものを自分たちは持っていると確信しているからです。

ところで、ソクラテス－プラトンにとっては、そのAが神様などではなく、善のイデア、善そのものだったのです。

神様だったら何とか言い抜けることができるとしても、善というのは、他の何よりも、それぞれが自分勝手に思い込んだものであることが多いのです。『国家』で善のイデアの話をしているときでさえ、冗談とは言いながら、ソクラテスの相手をしている青年が、「善ってまさかあの快楽のことでは?」なんて聞いたりしているのです。

そんな曖昧《あいまい》な善を、究極で、それ以上仮説を立てて説明していかなくていいものとして挙げるなんて、不適切ではありませんか。それならまだ、1という数字なんてのを挙げたほうが、反論の余地も少なく、みんなあきらめ顔で、「1という数字があるので」と議論を進めていけるはずです。でも、ソクラテス－プラトンの考えた究極のものは、そういうものではありませんでした。

太陽の比喩

善が、これ以上仮説を立てて証明する必要のないもの＝究極なものであるなら、そういったものを説明する必要もないし、説明もできないはずなのですが、居合わせた若者に、説明してほしいという顔でもされると、そこはソクラテス、何とかしようと思うことでしょう。

そんなときは、比喩を持ち出すしかありません。ここで持ち出された比喩は三つ。太陽の比喩、線分の比喩、洞窟の比喩と呼ばれているものです。

三つの話に共通しているのは、**世界は二つある**ということです。

一つは、**感覚される世界**。古代のギリシャ人にとっては、見ることのできる世界のことです。要するに、私たちの住む世界で、頭を巡らせただけで見えてくるこの世界のことです。この世界は、ヘラクレイトスの言うように、留まるところのない世界です。でも、まるっきりない世界ではなく、「在って無い世界」、すなわち「生成変化する世界」

ということになります。

この世界を保証するものであり、私たちの視覚を支えるもの、つまり、この世界の生成変化と感覚による認識を可能にする原因があるのです。それが太陽です。

これはまあ、今でも受け入れることができる考えかなと思います。太陽の輝きが増す春になると、生き物は元気に活動し出すからです。それは、生き物は太陽からエネルギーをもらって育っていくということでしょう。生き物の作った無生物、あるいは生き物が利用している無生物でさえ、太陽のエネルギーをどこかでもらっているはずです。

もちろん、視覚に関しては、文句のつけようもありません。太陽の光がなければ、私たちは何も見られません。電灯だって、結局は太陽のエネルギーを基とした、電気エネルギーの産物です。地球上のほとんどすべてのエネルギーは最終的には太陽に負っているのです。

とはいえ、古代人にとっては、太陽自身は、直視できないものですから（ガラス片に墨を塗って見ていました、私の小さいころは）、見られるものではなく、そして、これまたこの時代の人々の意見では、太陽は生成変化するものでもありませんでした。ということは、**太陽は、この世界のものの原因ではあるものの、この世界のものの在り方を超えたもの**ということになります。

こういうことだとすると、もう一つの**思考の世界**、要するに先に触れたイデアの世界ですが、そこにも同じように、原因が考えられるはずです。思考されるものたちを思考できるようにし、存在するようにする原因です。

ちょうど、この世界が生成変化と感覚による認識という二つのことの原因である太陽によって成り立っているように、そして太陽自身は、生成変化と感覚による認識を超越しているように、思考の世界であるイデア界は、存在と思考の二つの原因である善のイデアによって成り立っているのですが、**善のイデア自身は太陽の場合と同様、存在と思考を超えたもの**なのです。

線分の比喩

感覚界と思考界、この二つの世界が比べられる根拠は何でしょうか。

ということで、二番目の線分の比喩が出てきます。感覚界と思考界の関係は、実は、感覚界のなかでも起こっている二つの区分と同じことなのだ、という主張です。感覚界にある事物（生物も無生物も含めてですが）、それとそれの影（これは光に照らされてできる黒い影でも、鏡や水に映るものでもいいのですが）の関係のことです。

一つのものに定まることもなく、影は無数にできます。でも、物がなければ、影はできませんし、光の都合で、影の形は瞬時に変わります。

影と実物は、その数を競えば、光の方向でいろいろの姿になれる影のほうが勝っていますが、存在の確かさは明らかに実物のほうが勝っています。とすれば、本当に勝っているのは、**影：実物＝実物：イデア**という数式で表される（これが線分の比喩と言われるものです）通り、影より確かさ度の大きい実物、その実物より確実さ度の大きいイデアということになり、イデアこそ確かなものという結論が出るのです。

洞窟の比喩

ということになると、三番目の洞窟の比喩の意図も読めてきます。

ここで比べられているのは、洞窟のなかの世界と外の世界です。もちろん、今私たちがいるこの世界を洞窟のなかの世界に、太陽の輝く外の世界を確かな思考の世界に例えているのです。前の比喩で言い換えれば、**洞窟のなかの火は太陽**ですし、**外の世界の太陽は善のイデア**ということになります。

外の世界では太陽が照り、草木が茂り、生き生きとしています……洞窟のなかは、暗くて、舞台に下がる幕、人形の類が通る道、人形遣いの隠れる衝立《ついたて》、その後ろに火。幕と通り道の間に、身体が舞台のほうにしか向かないように、縛られてイスに座っている観客。**この観客こそこの世に生きている私たち**なのですが、イスにしっかりと縛られているので、幕に映る影しか見えません。だから、当然、幕の上に映る人形たちの影こそ本物、確かなものと信じ込んでいるのです。これが私たち人間の今の姿です。この世の姿です。

ところで、何かの力が働いてか、あるいは偶然にか、一人の人の縄がほどけます。彼は後ろを「振り向き」、びっくりします。火なんて見たこともありませんでしたから。

さらに彼が、洞窟の外に引っ張り出されたとしたら。初めは目がくらむばかりでしょう。太陽は火よりはるかにまぶしいのです。でも、慣れてくると、やがてはっきりものが見え、太陽の光の下で美しく輝いている世界が現れるのです。

洞窟の比喩

人間たち

それは真実ではない!
私は洞窟の外で真実の
美しい世界を見た。
私があなた方を導こう!
哲学者(統治者)
プラトン

この人は、この話を洞窟のなかの人々に伝え、みんなにも外に出ようと勧めますが、彼らは「何をバカなこと！」などと言って、振り向くことも外に出ることもしないのです。しかも、そう勧める人を嘘つきだとか詐欺師《さぎし》だとか言って、できれば、捕まえて殺そうとするでしょう。

でも、たぶん、ここのところを書きながら、プラトンは思い出していたのではないでしょうか。若かったプラトンに、一緒に外に出ておいでと誘ってくれたソクラテスのことを。そして、アテナイ市民に嘲笑《ちょうしょう》され、挙げ句、死刑になったソクラテスのことを。「振り向く」という簡単なことをしさえすれば本物を見られるのに、しかも素晴らしい本物の話をしてくれる人までいたというのに、「振り向き」さえしなかった人々。それに対しての、プラトンの嘆き節《ぶし》なのかもしれません。

でも、そんなことになるくらいなら、なぜソクラテスは、あるいは他の外に出たことのある人は、わざわざ洞窟に戻ってくるのでしょうか。

外に出られた人というのは、本当に確かなものを、だから、前の比喩など合わせて考えれば、本物を愛してやまない人のはずです。振り向くのが大変でも、外の明るさが苦痛でも、もしかしたらこの先にこそ本物があるなら行きたいと思う人、言い換えれば、知を愛する人、哲学者でした。

哲学者はなぜ洞窟に戻るのでしょうか。

哲学者を統治者に

こういうわけですから、話は再び厄介になってきます。外に出ていけた、本当の快楽を得た、学問・知恵好きの人がみな、厄介な、洞窟のなかの国家の統治の仕事に向かうだろうかということです。『国家』は哲学者が統治者になることを目指して書かれていたわけですから、これが問題になるのは当然です。

本人にはそんな気はなく、洞窟のなかにいる人々は、誰も、外から帰ってきた人の言うことなど聞かないで、むしろバカにするでしょうし、外から帰ってきた人がなかの暗さに何も見えない状態になっているのを嘲笑するでしょう。せっかく戻ってきても、こんな目に遭うくらいなら、戻ってこないほうがマシではないですか。

でも、この件について、『国家』のソクラテスは断固として、知を愛している人々を、国家の統治の仕事に就くよう強制しなくてはいけないと言い切ります。**国家にあって**

は、どれか一つの種族が飛びぬけて幸せになることが目指されているわけではないから、というのが、その理由です。

こうして、知を愛する哲学者は、自分の快楽から引き離され、他の、たとえば、名誉欲に燃えている人なら飛びついたはずの、国の統治者にさせられるのです。ほとんどあらゆる人々からバカにされながら。

もしかすると、プラトンは、これをシケリアで体験してきたのかもしれません。そして、本当のソクラテスだったら、政治に関心のないソクラテスだったら、そんな厄介ごとに手を出しはしなかったのかもしれません。

でも、**ソクラテスになり代わって、ソクラテスの理性で考えていこうと決意していたプ**ラトンにとっては、こうするしかなかったのだろうと思えます。プラトンはそんなにも、ソクラテスのロゴスを愛し、自分のものとして、それに従って生きていこうという志に燃えていたのだと思います。

立ち位置の違った現実のソクラテスなら決して言わないだろう、「国家にあっては一種族が飛びぬけて幸せになることを目指すべきではない」などということまで言い切って。

第4章
アリストテレスの精密思考

猪とアリストテレス

今から半世紀くらい前に読んだ本に、さらに昔の話として挙がっていた、アリストテレスの話があります。彼のことを話そうとすると、必ず頭のなかに浮かんでくる逸話です。

静かな大学の街、オックスフォードでの出来事（?）です。一人の学生が郊外の丘でアリストテレスの原典（要するに古代ギリシャ文字で書かれた古代ギリシャ語の本ということです）を読んでいたそうです。

大体、さすがオックスフォードで、そんな原典は、普通は学者先生だって、郊外の丘でのんびりと読んだりはできません。家のなかの、大きな勉強机の前に座って、分厚い辞典を引き引き読んでいくものです。最近でしたら、パソコンも使えるかもしれませんが、とにかく、大げさにも見える知の武装のもと、ゆっくりゆっくり読み解いていくものです。しかも**難解なアリストテレス**です。丘の上でのんきに読んだりはできません。

話はまだ続きます。そこに森から猪が突然出てきて、襲いかかってきたのでした。

学生はとっさに、その本を猪の口に突きつけて、「ギリシャ語だぞ」と叫んだと言います。猪はビックリ仰天、のどを詰まらせて死にました。

さすがオックスフォードです。猪もギリシャ語の、しかも目を移せばアリストテレスと著者の名も見えている本を見て、それを読み取り、とんでもないものを見せられたと思うことができたのでした。

でも猪がびっくりしたのは、ギリシャ語だと聞かされたからでも、本の著者がアリストテレスだったからでもなかったのかもしれません。学生の読んでいた本が開いていたらのことですが、開かれたページにほとんど隙間なく、わけのわからない黒い線（つまり字です）がのたうっていたからかもしれません。

もちろん、ヘロドトスとかトゥキュディデスとかいう歴史家の本も、ギリシャ語の本としてオックスフォードになかったわけはないでしょう。そして、歴史書というのも、結構、行間の詰まった本です。とはいえ、猪がひっくり返るという笑い話を作り上げるには、やはり、人間が読んだときにすごく厄介《やっかい》で、それを猪さえ察して、ひっくり返ったのだという裏の意味まで必要です。となれば、ここはなんとしても、他のギリシャ人の本ではなく、アリストテレスのでなくては共感度も下がります。

アリストテレスの書いた物

アリストテレスの本は、なぜそんなに読むのに厄介なのでしょう。

アリストテレスは詩を書いたのでもなく、近年にまで残るような対話篇を書いたわけでもありませんでした。もしそんなものを書いていたら、隙間なく黒い線が波打ったりはしなかったはずです。

彼は哲学を語るのに、**詩の形もとらなければ、対話篇の形もとらなかった**のです。アカデメイアで、プラトンから理性同士の対話による真理への道の話を聞かされ、そして実行していたはずなのに。

ただ、アリストテレスも対話篇を書かなかったわけではないとも言われています。古代ローマのキケロが、彼の対話篇を流れるように美しいとほめたたえているのです。でも歴史というのは、あるいは「時が経つ」というのは、不思議なもので、どういうわけか、よりその人らしいもののほうが残っていくのです。もっともこれは、残ったものしか読めない、後から追いかける私たちの感想にすぎないかもしれませんが。

とはいえ、アリストテレスの書いた本です。たとえば、『**魂について**』という本があります。彼の本にしては、かなり短いものです。でももちろん、詩でも対話篇でもありません。このなかで彼は、植物にまで魂があるとしていることで、有名です。

ただこの本の第一巻第一章の語り始めの部分で彼は言うのです。魂とは実体か、性質か、量か、あるいはカテゴリーのなかの、それらとは違う、何か別な他のものか、決めなくてはいけないし、可能態にあるものに属するのか、現実態にあるものに属するのかも決めなくてはならない、と。

確かに著書の初めには、自分が今探求しようとしているものをはっきりさせておかなくてはいけないのかもしれません。でも特に、後で取り上げますが、可能態と現実態という区別は、アリストテレス特有の、あるいは独自のものです。それを本の初めに言っていいものでしょうか。カテゴリーといい可能態といい、こういった耳慣れない言葉が出てきたら、よほどのことがないと、先に読み進む気がなくなります。

アリストテレスはなぜこんな書き方をしたのでしょうか。でも、思えば、**彼以降の、いわゆる論文というのは、今に至るまで、これに類似した書き方をされている**ようなのです。

もしかすると、これは彼が何のために、誰に向けて書いているのかがわかると決められるのかもしれません。彼は、誰を相手にしていたのでしょうか。

そもそも、このアリストテレスという人は、どんな生き方をしていた人でしょうか。

彼は、ギリシャの植民地、トラキアのスタゲイロスの生まれでした。この町は、あのプロタゴラスや、アトム論者のデモクリトスが生まれたアブデラの北方にあり、あの有名な**アレキサンダー大王を生む、マケドニア**に接しています。

アリストテレスの生まれた紀元前384年には、このスタゲイロスは、すでにマケドニアの支配下にありました。と言っても、マケドニアは、いろいろ風習はギリシャと違っていたようですが、言語、宗教などはギリシャと同じでしたし、オリンピアの競技会にも参加していました。

アリストテレスの父ニコマコスは、マケドニア王室の医師でしたが、早くに亡くなり、ついで母親も死んだこともあって、義兄のプロクセノスに育てられ、17歳のとき、アテナイに行き、プラトンのアカデメイアに入学しました。

彼は、アカデメイアの所有する多くの本を読みあさったと言われています。もちろん、プラトンの初期や中期の対話篇は読んだはずです。そして、そのとき、対話篇形式の意味も理解したはずです。

プラトンが紀元前347年に死ぬまでの20年間、彼はアカデメイアで学び、研究し、後輩たちを指導していました。そしてプラトンの死後は、ギリシャ各地をまわり、その地で研究を続けていきましたが、マケドニアの王フィリッポス2世に呼ばれて、当時13歳の王子、アレキサンダーの家庭教師となりました。42歳のころです。

紀元前336年に王子が王に即位した翌年、紀元前335年に、49歳のアリストテレスはアテナイに戻り、アテナイ郊外のアポロン・リュケイオス（狼のアポロン）の神域に、「**リュケイオン**」という学園を建てました。この名前から、今のフランスの高校を指すリセという言葉は生まれたのです。そこで彼は、新弟子には、午後、講義をしていましたが、上級の弟子たちとは、午前中、歩きながら哲学的な深遠な問題を議論しあっていました。そこで、彼の派は、**散歩（ペリパトス）学派**とも呼ばれることになったのでした。

アレクサンダー大王が遠征先で紀元前323年に急死すると、アテナイではマケドニア人に対する迫害が起こり、そのせいか、アリストテレスは同年カルキスに移住、翌322年、62歳で死にました。病気だったとも、ソクラテスのように、毒ニンジンを飲んだとも言われています。

アリストテレス先生

アリストテレスは先生だったのです。アリストテレスのもとにやってくる弟子たちは、彼の話が聞きたくてやってきているわけです。ということは、今ほど情報が多いということはなくても、ある程度彼に対する関心を持ち、彼の教説を知ってのうえでやってきている弟子たちでしょう。

しかも、彼の話は、午前と午後に分かれ、午前中はもう何度も話し合っている弟子たちとの議論、午後は新弟子への講義でした。だとすると、**師の本を読もうという者は、アリストテレスの言葉遣いなどを知っている者たち**です。特に、午前中の、歩きながらの話し合いに参加する者などは、アリストテレスの考えに慣れている者ばかりです。とすれば、今残っている彼の本は、そのほとんどが、こういった学生に、話して聞かせようとする講義録だったのではないでしょうか。

今、アリストテレス著作集として残っているのは、アリストテレスの学園リュケイオンの第11代学頭アンドロニコスが、整理されていなかったアリストテレスの草稿を、あるいは講義の筆記録を、整理し編集したものだと考えられています。今、『**形而上学**』

という日本語に訳されている、ta《タ》 meta《メタ》 ta《タ》 physika《フュシカ》という名前も、ギリシャ語で言えば、ta physika（自然学）の meta（次に編入されたもの）という意味にすぎなくて、アンドロニコスの編集の際の順番を表すだけの単語です。決して日本語の形而上学などという、恐ろしい意味合いなどなかったと思ったほうが、アンドロニコスの意図には適っているのではないかと思います。

ということになると、アリストテレスが後世に、あるいは弟子たちに残した講義の草稿、あるいは講義の筆記録は、結局のところ、自分と話をする相手が、初級であろうと、上級であろうと、その彼らが、自分の考えを聞こうとする際の、自分の考えの進め方、語り方を、前もって了解していてほしいための、入門編だったのかもしれません。

ということは、先生の話を聞きたいと集まっている学生たちに聞かせる話という形です。彼らは、全力をあげて、先生の前提としている考えを理解しようとし、そこから発展していく先生の考えについていこうとしていたに違いありません。アリストテレスの書いたものは、そういった学生たちへの草稿であったのでしょう。

ということになれば、彼のものを書くときの姿勢もはっきりします。彼の書いたものが講義草稿だったとしたら、これは非常に特別な意味を持ちます。

講義というのは、先生がするものです。そして、学生が聞くものです。学生が集まってきているのは、今のように単位が欲しいからではなく、この、有名な先生のお話が聞きたいからです。これは話し手としては、とても心の落ち着くことです。聞く気もなく、自分の使う言葉の重さを感じ取る気もない、そういった者を相手にはしていないのです。彼の講義録の特徴はそこにあります。

講義というのは、**ある言葉を前提に立て、それを手掛かりに議論を進めていく**という形をとります。いつか前提を疑う日が来るとしても、とりあえず今は、それが成り立っている、あるいは、理解できるということで話を語り聞かせるものです。実はこれこそ、今でも、学術論文の基本の形でしょう。でも、彼がそういう形で話を作っていけたのは、彼がアカデメイアとかリュケイオンで、初めは学生として、のちに教える者として、過ごしていたからだと思います。

学生として聞くときには、教師の言葉遣い、あるいは、その言葉による主張が、まず前提となります。もちろん、よくわからない場合には、質問することもできるでしょうが、質問ばかりだと話は進まず、周りの仲間からも文句が出るでしょう。だから、教師の話は、原則として、みんなから認められる前提ありきの話ということになるのです。大学に入るのに未だに試験があるのは、本当は、大学世界で通用している言葉を受験生が理解できるかどうかを確かめるためだと思うのですが。

そうだとすると、本を書く際にも、言葉そして言葉を使ってのある主張、それを前提にするというのが、教師としての本の書き方ということになります。**この方法こそ、教師アリストテレスが自分にふさわしいと思う書き方だった**のでした（これこそ彼が主張する真理を語るための演繹法の起源でした。それに対する帰納法は約２０００年弱あとの人、フランシス・ベーコンが唱えることになります）。

詩でもなく対話篇でもない形で書かれた、このような彼の本は、当然、哲学を、あるいは学問を志す学生の読むべき本となったのです。

キリスト教全盛の中世ヨーロッパでも、アリストテレスは読まれていました。特に、聖人トマス・アクィナスの支持を得た後は、アリストテレスの作品は、中世の大学でも読まれていくことになりました。ただし、そのときの本は、アリストテレスの書いた原著そのものではなく、ラテン語に訳されたものでしたが。

アリストテレスの演繹法とベーコンの帰納法

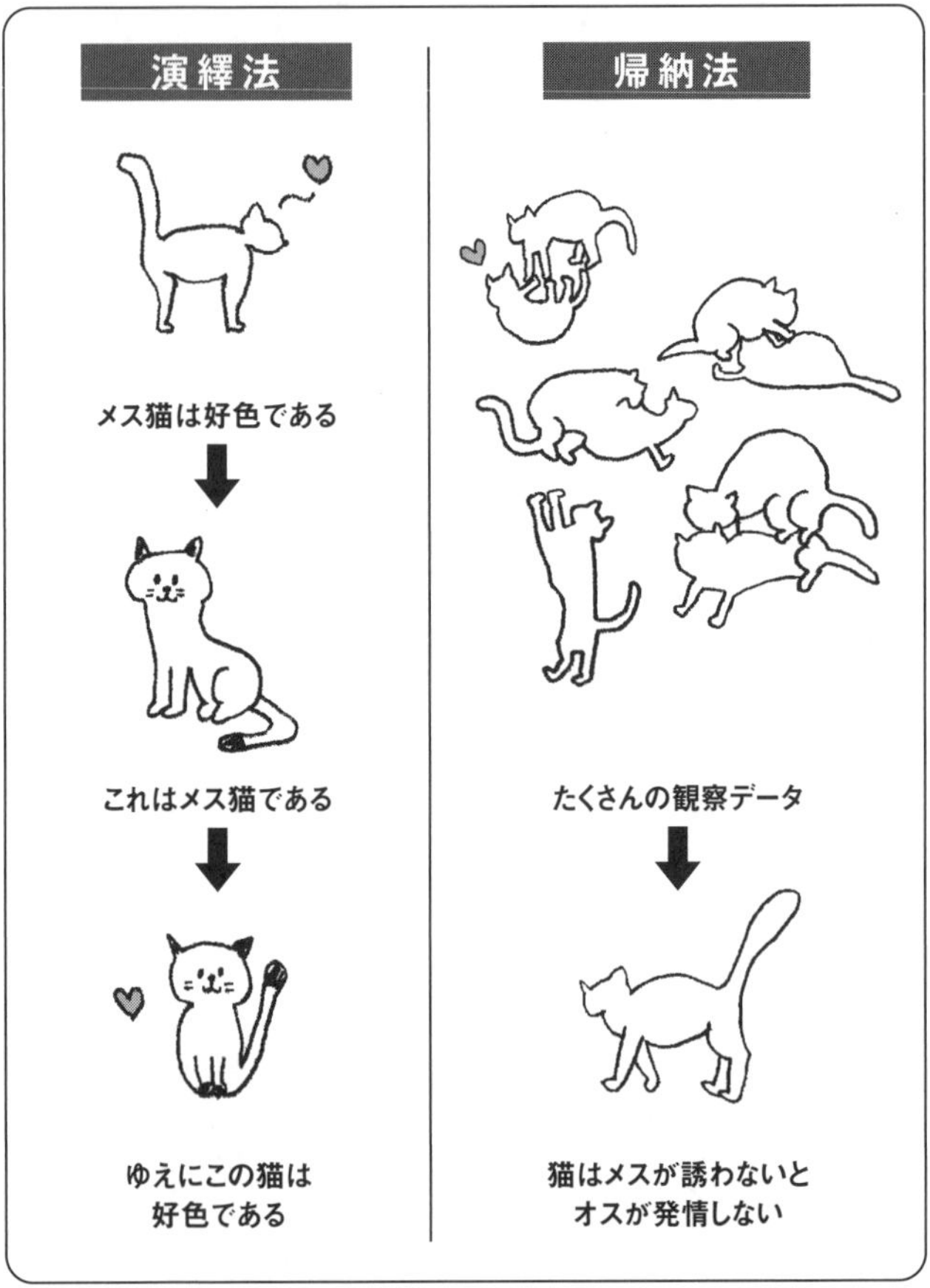
演繹法
メス猫は好色である
これはメス猫である
ゆえにこの猫は
好色である
帰納法
たくさんの観察データ
猫はメスが誘わないと
オスが発情しない

猫を語るアリストテレス

確かにこの時期、アテナイの、たとえば、プラトンの学園のようなところには、アテナイ以外の都市から、学問を志す多くの若者が来ていたと考えられます。その意味で、アリストテレスが例外というわけではありませんでした。ただ彼の場合は、マケドニアから来たので、周囲からかなり抵抗があったかもしれません。

でも、プラトンは彼のことを高く評価して、**「学園の精神」**とまで言っていたという話もあります。彼の自然についての学問に関しては、プラトンの期待も大きかったようなのです。

もちろん、他の領域に関してもですが、彼の観察眼は際立っています。

実は、古代ギリシャには、猫はあまりいなかったようです。いろいろな本のなかにも、猫が出てくることはほとんどありません。ネズミはイタチに捕らせていたからという人もありますが、真偽のほどはわかりません。そして現在は、猫はギリシャのどんな島にもいて、島を訪ねる観光客に近寄ってきてくれます。

その猫について、前に挙げたヘロドトスに次いで語っているのが、アリストテレスです。まあ、他の動物ほどには触れていませんが、実によく見ているのです。**『動物誌』**五巻第二章で「猫は（後ろに放尿する動物ではあるが）後ろから交わるのではなく、オスは立ち上がり、メスはその下になる。メス猫はその本性が好色であって、オスを交尾に誘い、交わりながら泣き叫ぶ」と書いているのです。

私と仲のいい、動物病院の院長先生に確かめてみたところ、確かに猫の場合、メスが誘わないと、オスが、あの発情期に特有な鳴き声など出すことはないので、そこでメス猫は「好色」ということになるのだと教えていただきました。アリストテレスはこのことを、もちろん他人から聞いたのかもしれませんが、プラトンから「学園の精神」とまで言われた彼が、それを確かめてみようともせず安易に書いてしまったということなどありえないと思うのです。ということは、ギリシャにはあまり数多くいなかった猫を、しかも発情期を選んで、そのうえ、オスメスを見分けて、観察したという彼の探究心のすごさを感じてしまいます。

彼の本の多くは失われているとも言われます。しかも、今書店で文庫本として並んでいるのを手に取ってみても、ちょっとねえと、あまり読む気を誘われないものが多いようです。彼の書いたものは、それくらい、先ほども言いましたように、**学術書の**

鑑《かがみ》なのです。

でも、問題はそこなのです。彼ももしかすると、対話篇を書いたのかもしれません。キケロの証言もあるのですから。でも、対話篇を書けるのなら、なぜ、全作品を対話篇にしなかったのでしょうか。彼が学術書の模範のようなものを書いたのはなぜでしょうか。対話篇という形式は、プラトンの場合、理性・ロゴスを交わしあうことで、物事の正しいさまを探求しようとする過程を明らかにしようとしたものでした。それに対しアリストテレスは、自分の考えを生徒達にまず知っておいてもらおうと思って、そういう教師としての思いがあっての著作だったので、かえって難しいものとなってしまったのかもしれません。

アリストテレスの思考の進め方

アリストテレスの思考の進め方を、彼の書き残した本から見てください。

たとえば、「実体」と訳されるウーシアという古代ギリシャ語があります。エイナイという「ある（有る、在る）こと」という動詞から作られた名詞です。ですから、「本当にあるもの」という意味を含んでいます。でも、古代ギリシャの普通の言語としては、「本当にあるもの」というはずのこの単語は、不動産、財産の意味で使われていました。もちろん、哲学者が、特にプラトンのような哲学者が使えば、おのずから別の意味になります。実体、本当の姿という意味です。そして、プラトンは、そういう実体はこの世にあるものではなく、魂が考えることによってとらえる、あのイデアなのだと言ったのでした。

プラトンのアカデメイアで学んだアリストテレスは、その実体を第一のもの、第二のものと分けて考えようとします。**何かを考えようとするとき、それを二つとか、三つとかに分けて考える**というのは、彼の得意技なのです。この場合も、彼は、第一の実体は「この人」のような、ここにいる、いわゆる個物を指すものだと言い、第二の実体は、人間、生き物といった、類や種を指すものだと言ったのです。

この世のもの、それは皆一つずつ個々のものです。私の猫は、私にとっては、この世のあらゆる猫を合わせたのと同じくらい価値があるの、とか、世界中の猫を超えた価値があるの、なんて言ってみても、実際は、私の猫は、ネコと呼ばれる生き物のなかの一匹の個体にすぎません。そんな個物を第一の実体、第一に存在するものと、プラトンの弟子アリストテレスは言ったのです。プラトン先生は、イデアしか実体ではないと言ったのに。

この、問題となる事柄を二分して考えてみる、というアリストテレスの思考の進め方の有名な例として、「正しさ」を考える際の二分法があります。「正しさ」を、**配分的なもの**と、**是正的《ぜせい》なもの**と分けて考えてみようというのです。

「配分的」というのは、ギリシャ語の形容詞 dianemetikos《ディアネメティコス》です。これは、「(その人の)価値相応に」とも言い換えられています。どうやら、人にはそれぞれ違った価値があり、それなのに、同じようにその人たちに物を分けては不公平だということでできあがった「正義」感のようです。**その人の価値に合わせて分配するのが正義**だという意味です。だからこの正義は、価値に比例してという意味で、「比例的」正義とも呼ばれます。

もう一方の「是正的」正義ということになると、裁判官が登場します。この正義は比例的正義に対して「算術的正義」とも言われますが、たとえば、二人の人が関わりあうことによって、片方が、もう一方のものを取り上げたりしたとき、裁判官が割って入って、加害者が取り上げたものを被害者に返すことによって、正義を取り戻すというのが、この正義の意味です。このときには、**加害者や被害者の身分とか、能力と**

かはまったく関係がないのです。

この世のことも語りたい

本当のところ、アリストテレスのしたことは、プラトンとそうは違わなかったのかもしれません。ただ、アリストテレスは、この世界のことも意味のある、語れるものにしたかったのではないかと思われます。

ギリシャでも日本でも、この世界は移り変わって、止めどないもので……と言いたがる人は多いはずです。特に、感受性の強い人々はそう言うでしょう。そしてそれは確かに本当なので困るのです。「三日見ぬ間の桜かな」。桜なんて、咲いてもすぐ散ってしまうのです。ここで、無常を感じて嘆かないとすれば、私たちの先祖からは、かわいくない子孫が生まれてきたものだねえ、何百年も経つと、日本も変わったものだ、なんて言われるでしょう。

古代ギリシャにあっては、それは、もっと、かわいくない方向に進みました。移り変わるもののことなんて、何と言ってもどう変わってしまうかわからないし、そうな

正義を考える際の二分法

是正的正義
身分や能力にかかわらず
保たれるべき正義
配分的正義
その人の価値に合わせて
配分されるべき正義

れば評価もどうなるかわからないし……ということで、前にお話ししたプロタゴラスが出てくるわけです。これが、ソクラテスやプラトンが戦った（?）ソフィストとの戦いです。

二人は、この世の者どもが移り変わることを認めました。でも、そのうえで、プラトンは、それらのものが不変不動のイデアに触れているかぎり、それを見て、花だと考え、美しいと考え、またそう言えるのだとしたのです。言ってみれば、その時点では、その人がそう考え、そう言うのこそ正しいのだとしたのです。

アリストテレスもソフィスト的な考え方と戦うのですが、プラトンとは少し違った戦術をとりました。

第一実体としてそこにある、たとえば「この人」は、実はただ何となく、たまたまあるのではなく、だから、すぐ消えたり変わったりするような不確かなものではなく、**しっかりした原因があって、あるものになっている**のだ、としたのでした。

しかもその原因は四つもあります。これがアリストテレスの**四原因説**《しげんいんせつ》です。

四原因説

四原因とは、**質料因**、**形相因**、**動力因**、**目的因**です。

質料というのは質量の間違いではありません。普通の日本語ではあまり使わない単語なのです。材料因などと訳したほうが今となってはわかりやすいかもしれませんが、明治時代、ヨーロッパから哲学が入ってきたとき、訳した人が苦労してこの字をあてたのだと思われます。

たとえば、家を建てる話です。アリストテレスは、『**自然学**』第二巻第三章では銅像の例を出していますが、家のほうが、私たちにはピンとくると思うのです。

家を建てるには、もちろん土地も要りますが、でもそれは借りることにして、純粋に家だけ建てることにします。日本家屋でも他の土地の家屋でもいいですが、とにかく、日本家屋の場合なら、圧倒的に材木が要ります。この材木のことを、耳慣れない「質料」という言葉で呼びます。材料とか素材とかいう意味です。

もちろん、素材があっても、大工さんがいなくてはどうにもなりません。これが動力因です。そして、家の設計図。これが形相因です。

最後に目的因。何のための家か。雨風さえしのげればとか、冬暖かく夏は涼しくとか。まとめて言えば、生きるのに、そこそこの快適さを、とかいうことになりそうですが。

家はこの四つの原因によって今ここに建ったのです。この世の家ですから、家のイデアなどとは比べられはしないでしょうが、でも、そこに確かにあるのです。その「ある」を支えているのがこの四つの原因なのです。この家は、決して夢幻ではないのです。

もっとも、四つの原因によって作られた「家」の確かさを確認した後、アリストテレスは言うのです。

「それ自体では、時間は、消滅の原因であり、生成の原因ではない」

言い換えてみれば、ほうっておけば、時が経つにしたがって、せっかくできあがっているものでも壊れていくんだよ、ということです。築何十年もの家は、きちんと繕《つくろ》い続けないと壊れてしまうのだという警告なのです。

それはそうですが、時は生成の原因にはならないのでしょうか。家なんかは確かに、アリストテレスの言うとおりでしょう。でも、時が生成の原因になることだってあるのではないですか。

アリストテレスは、「年が経つにつれて、学び覚えたとか、年若くなったとか、美し

四原因説

質料因
動力因
目的因
形相因
家は四つの原因によって今ここに建っている!
イデアの模造じゃないよ
アリストテレス

くなったとか言いはしない」と言っていますが、「年が経つにつれて」を「大人になるにつれて」と言い換えれば、それも言えるのではないかと思うのです。もっとも、この場合の「大人になるにつれて」のなかには、経験を積んで、あるいは学校で教わって、今だったら塾で習って、という意味合いが含まれているとは考えず、ただ漫然と年をとるだけでは学び覚えることなんてできないと言えるのかもしれません。

いずれにしろ、**アリストテレスの考えているこの世の個物とは、たまたま何となくできちゃったというものではなく、しっかりとした技と計算とで作られている、そういった個物のことだった**のです。

可能態と現実態

アリストテレスは、ソフィスト以外にも相手にしなくてはいけない敵（?）を持っていました。それは、手ごわすぎる敵ですが、先に挙げたパルメニデスもそうです。

この哲学者は、前にお話ししたように、イタリアのエレアの人で、本当のところはあまり知られていないのです。大体紀元前6世紀に生まれ、紀元前5世紀の半ばごろ死んだのではないかと言われています。

アリストテレスが、パルメニデスについて問題にしているのは、「**（あるものは）あり、あらぬことは不可能という道、今一つの道は、（あらぬものは）あらぬ、そしてあらぬことは必然という道の二つの道しかない**」と韻文で歌ったことです。これは、簡単に言えば、あるものはあるので、ないものはない、その中間などはありえないのだということです。

これが問題なのは、中間のあったりなかったりするものを締め出しているところです。

あったりなかったりというので、一番すぐにイメージできるのは、「変化」ということです。これを締め出すとどうなるのでしょうか。

変化するこの世は本当はないのであり、だから、こんなこの世のことについて、これが本当、あれは嘘、などとは言えないということになります。逆に言えば、何を言っても構わないということでもあります。プロタゴラスの主張などもまさにこれにぴったりでした。もちろん、アリストテレスはこれには与《くみ》しませんでした。

アリストテレスはたくさんの本を書き残しましたが、動物に関する本も大きなものが5冊もあります。動物というのは、生成変化消滅するものです。動物に関してものを書こうとするなら、この「移り変わり」が説明できるもの、この移り変わりに何か根拠があること、が言えなくては、ただの寝言です。

そのためにも、あの四つの原因が挙げられたのですが、もっとはっきり言えば、「この世のものは変化するのであり、本物は、変化しないのだ、だからこの世のものについて、何か主張するのは無駄なことだ」という意見を打ち破ろうとしたかったということです。

それが、**可能態**(dynamis《デュナミス》)と**現実態**(energeia《エネルゲイア》)という区別でした。現実的には、だから、現実的な姿としては(これが現実態という意味です)、**「ない」または「そうでない」ものでも、今は確かに、そうだとしても、いずれ「ある」「である」と呼ばれうるものになる「可能性」を秘めていることがある**という考え方です。

現実には、今はただの木材でも、家(の部分)になる可能性は秘めているのです。だから、変化は、ないものがあるものになるのではなく、可能性としてあったものが、動力因に助けられて、現実の家の、その部分として作り上げられもするのだということになるのです。

変化をこういうふうに考えること、そして、言うことによって、「ないものからあるものができるなんておかしい」というパルメニデスたちの、そして古代ギリシャの哲学者たちの、たくさんの心を惑わしていた問題を解いてみせたのでした。

もう一つの「態」

と結論のように言ってみたのですが、そしてたぶんこのかぎりではこれで済むのですが、実はこれは、もっと厄介な話にもなりうることなのです。

何かと言うと、アリストテレスは、可能態と現実態という二つの区別を導入しただけでなく、もう一つの「態」を考えていたのです。**完現態**（entelecheia《エンテレケイア》）というのがそれです。

完現態というのは、たいていの場合、現実態と同じものと考えていいのです。たとえば、知識に関して言うと、知識の可能態とは、知識は持っているけれど、使っていない状態のことを言います。とすれば、その知識を本当に使っている、発揮していることが、現実態と呼ばれることになるわけです。

でも、変化の話として読めば、ここで言われる可能態とは、使われていないだけで、**実は事が起きて、使おうと思ったらいつでも使える状態にある**ということです。そうだとすれば、広くはこの二つ、可能態と現実態の差は、ただ事が起こっているかどうかにあるということになるでしょう。どちらも知識は所有しているのです。使う機会があるかないかの違いです。

そこでこの二つをまとめて、完現態と呼ぶこともできます。完現態のなかの、第一の完現態（第一のとは、まず先にあるということです）が知識の所有、第二の（本当の意味での）完現態は、知識の使用となるのです。

この二つの意味を合わせた完現態に対して可能態というときには、知識を獲得する能力はあるけれど今のところ勉強不足で……ということになるはずです。とすれば、可能態から現実態への変化も、でたらめに、何もないところに起こるということにはなりません。使っていない能力を、頑張って使ってみればいいのです。

とにかく、アリストテレスとしては、変化が、いつでもどこでも、何もなくても、突然起こるものなのではなく、可能態があるところで、きちんとした手続きのうえ起こるのだ、だから、変化の追究も研究対象になるのだと、そういうことが説明できれ

可能態、現実態、完現態

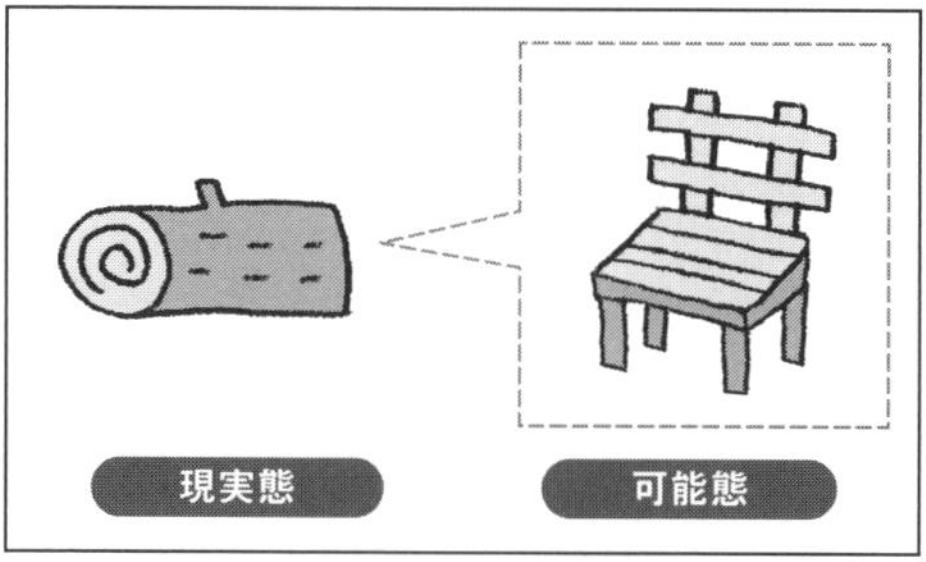

今は材木だが椅子になる可能性を備えている。

知識を獲得する能力はあるけれど、まだ獲得していない状態を「可能態」と呼ぶ。

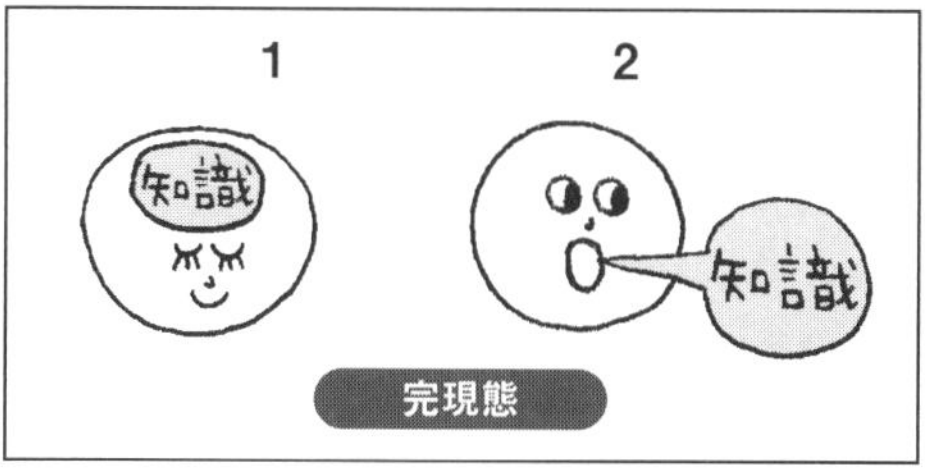

知識を所有しているだけの状態と、使っている状態をまとめて「完現態」と呼ぶ。

ばよかったのでした。

そしてそれは成功し、だから、ヨーロッパ中世という長い間、彼は研究者の学ばなければならない第一の人であり続けたのです。

『形而上学』の運命

とはいえ、現代ということになると、話は変わってきます。アリストテレスの主著であり、アリストテレスの大事業だった『形而上学』は、継承されるどころか、侮辱《ぶじょく》的言葉となったのでした。50年ほど前のことです。

誰かに、お前の主張は形而上学的だなんて言われると、それだけで、**ほとんど人格全体が、古めかしい、無用のものと言われたのに等しいこと**でした。でもそれは、アリストテレスの『形而上学』の書き方が否定されたのではありません。というのは、あの書き方は未だに学術論文の基本だからです。

今となっては、侮辱語としてさえ使われなくなってしまったこの「形而上学」ですが、アリストテレスの学問全部がそういった、遺産とか化石という扱いをされるほど、

形而上学とは

これは猫のイデアのミメーマ（模造）にすぎない。
イデア論
プラトン
これこそ猫の実体である。
だがなぜこれは猫なのか？
そもそも猫とは何なのか？
なぜ猫は存在するのか？
存在するとはどういうことか？
形而上学
アリストテレス
形而上学とは、
あるものがなぜそれとしてあるのか、見たり聞いたり触ったりできる物事を超えた
存在について考える学問

哲学を含めて学問は、進んでしまったのでしょうか。

もっともこのアリストテレス、死後も実に波乱にとんだ「人生」を送ります。一つには、ギリシャ自身が、勢いを失ったということもありますが、ローマ時代に入ってからも栄えていた、エジプトの**アレクサンドリア**、その図書館に入っていたアリストテレスの本も、ひどい目に遭うことになります。

あのクレオパトラの話でもおわかりでしょうが、ローマとエジプトの関係にも問題はあったのですが、その後の、イスラム人の侵入はもっと手ひどいものでした。エジプト制覇を実現したイスラムの王は、図書館の本を風呂の焚《た》き付けにするように命じたと言われています。

そのうち、情勢はまた変わります。8世紀から10世紀にかけて、ギリシャ・ローマ文化を告げる書類（本も含めてですが）をアラビア語に訳そうということになり、その翻訳者育成の学校もできたと言われています。そしてここでは、**アリストテレスの哲学とイスラムの信仰とをどう結びつけるか**が問題になりました。

十字軍をきっかけに、ヨーロッパとイスラム圏の交流が進むようになり、アラビア語のアリストテレスの本がラテン語に訳されるということも起こりました。そして、のちに説明する「**ネオプラトニズム**」、新プラトン主義と訳されますが、それが、古代の末期、哲学界を広く覆います。アリストテレスの書いた物、そしてその理解にも、その影響は及ぶのですが、でもそうなっていない、純粋な**アリストテレス哲学とキリスト教の神学、あるいは信仰とをどう調和させるか**はここでも問題になりました。

中世にそれを完成させたのが先ほど挙げた、**トマス・アクィナス**でした。彼は両方は対立するものでなく、ただ、理性中心のアリストテレス哲学の発見する真理を超えて、キリスト教信仰によって教えられる真理、たとえば「復活」などの、理性を超えた、信仰によってのみ見えてくる真理があるのだとしたのです。

対立ではなく、共存で、しかも、信仰による真理以外の真理は理性で発見されるのだときっちりと明言したのですから、これ以降、中世のヨーロッパの大学では、安心して、アリストテレスが語られ、読まれていくことになりました。

こういうわけで、アリストテレスは中世に復活しました。でもルネサンスはその中世からの再生でしたから、そこで見出されたのは、哲学では、プラトンであり、ネオプラトニズムだったのです。

という流れに乗って、たぶん現代でも、アリストテレスは、**三段論法**、とか**弁論術**

など で、現代人の関心を引いているかもしれませんが、**それらはアリストテレスにとっては、あまり大切なものではなかった**のではないかと思えるのです。

弁論術などというのは、学ではないのです。術なのです。誰でも使い慣れれば、使うことができるのです。そしてそれは、正しいことを語るのにも、不正を語るのにも、同じように有効なのです。うまく習得さえすれば。だから、偽書と言われていますが、アリストテレスの『アレクサンドロス（大王）に贈る弁論術』の序論で、彼は、大王からの書簡の言葉として、この本を「自分以外の誰にも見せてはならない」として挙げているのです。もちろん、アリストテレス自身はそれを拒絶しますが、大王の懸念は、この本が「術」だったことでしょう。

大前提、小前提、結論という流れをとっていく証明の方法を、詳しく説明したのもアリストテレスでした。「すべての人間は死ぬ」「ソクラテスは人間である」「ソクラテスは死ぬ」というのが一番簡単な三段論法の形です。そしてこんな方法で証明してみても、実は、今となっては、何もビックリするような結果など出てこないと思われてしまうようなものでしょう。

幸せって何だろう

アリストテレスと言えば、**『ニコマコス倫理学』**が考えられます。この本の題名は、彼の原稿を息子のニコマコスが校訂して現代の形にしたので付いたと言われています。ちなみにアリストテレスのお父さんの名前もニコマコスでした。ギリシャでは祖父の名前を継ぐことが普通だったようです。

もちろん、これも講義原稿だったのでしょう。ということは、向こう側にそれを聞こうとする者、たとえば今なら学生などですが、その人たちがいたうえでの話であり、その人たちを意識しての話の進め方ということになるはずです。講義とは、聞き手に納得、あるいは了解、あるいは賛同を期待して行われるものです。アリストテレスが興味を持った弁論術と似てはいます。

でも違うのです。先に言っておいたように、このとき集まっているのは、講義を期待して集まった、いわゆる「学生」です。学生たちは、話し手については、「先生」として尊敬して、話を聞こうとやってきているのですから（この点は現代の大学の講義とは違います。大学の講義はとにかく大多数の学生にとって、ただの単位取得の場にすぎません）、聞き手たちは、話し手の先生を「尊敬」し、「その話を聞きたがっている」ということです。ですから、「先生」は安心して、みんなが賛同しているはずの、自分の意見から、話を始めていっていいわけです。

『ニコマコス倫理学』を語ろうとしたとき、アリストテレスが、「みんなが賛同する意見」として何を選ぶかは、私たちの気になるところですが、これも実は、すでに問題解決済みです。何しろ講義はアカデメイアで行われているのです。みんなプラトンの意見は知っているし、プラトンのことも尊敬して集まっているわけです。プラトンの言っていたことを話の初めにすればいいのです。いざとなったら、プラトンだってそう言っていると弁明すれば問題は解決です。

ところでこの本は、倫理学の本ですから、幸福って何だろうということが主題になるはずです。そういう問題が論じられようとするとき、その共通の賛同意見とは、プラトンも言っていた**「最高善」こそ幸福のことだ**ということになりそうです。「最高善」などと訳語が付くと、何か高級な概念だろうと思われるかもしれませんが、いずれそうなるとしても、ここでは、ただの「善い」の最上級。だから、「最もよいこと」などというイメージで読んでいただくのが、とりあえずはいいと思います。

アリストテレスは、「最もよいこと」として、教養のある人もない人も、多くの人々が「幸福」あるいは、ほとんど同義語の、**「良く生きること」＝「うまく暮らすこと」**を挙げていると言うのです。これは時代を問わず、今でも、同じことだと思います。

しかもそのうえ、プラトンの『饗宴』を読んでみてください。これは、愛についてソクラテスやアリストパネス達がいろいろ語る対話篇ですが、ディオティマという巫女がソクラテスを問い詰めたとき、どういう展開になったと思います？　ディオティマはソクラテスに「恋している人は、恋に何を求めているのでしょうか」と聞き、ソクラテスが「美しいものが自分のものになることを」と答えると、「美しいものを手に入れると何が得られるのでしょうか」と重ねて聞き返し、ソクラテスは「答えられません」と答えるしかなくなります。

そこで、ディオティマは、問いを変え、「では美しいを善いと言い換えて、善いものを手に入れたら何が得られると思いますか」と問い詰めます。今度はソクラテスも安心して、「幸福が手に入ります」と言うのですが、それを聞いて彼女も、「それ以上質問することはありませんね」と言い、それが究極の答えとなることを認めます。

究極の答えになるということは、それ以上、それが手に入ったらどんないいことがあるのかなんて聞く必要もない、その答えこそ究極の、だから最後の「善いこと」を語っている答えだということを認めたということです。

そうだとしたら、アリストテレスの講義の聞き手たちも文句なく、このことに同意するはずです。もしかすると、これはアリストテレスの作った学校リュケイオンでの講義だったかもしれませんが、それでも、プラトン－アリストテレスの学校です。聞き手たちは、いろんな筋からその話は聞いたり読んだりしているはずです。

アリストテレスは、「最もよいこと＝幸福」説を掲げた後、実は**「最もよいこと」とはある種の快楽**なのだという、新しい主張を証明し、説明しようとするのです。

これは、言葉ではよくわかっているこの説を、言葉のうえでだけでも、もう少しはっきりさせて、人間にとって（あるいは神にとっても）最もよいこと、要するに幸せとはどういう状態なのかをはっきりさせたいと思っているからです。

彼は言い出します。「魂の持つそれぞれの性能が『活躍すること』（これがあの可能態「dynamis」と対になっている現実態「energeia」の動詞の形「energein」という言葉です）を邪魔されないなら、性能のすべてと言うか言わないかは置いておくとしても、性能のうちの一つでも活動できていれば、幸福であり、それこそ最も選びたくなるものであ

アリストテレスの考える幸福

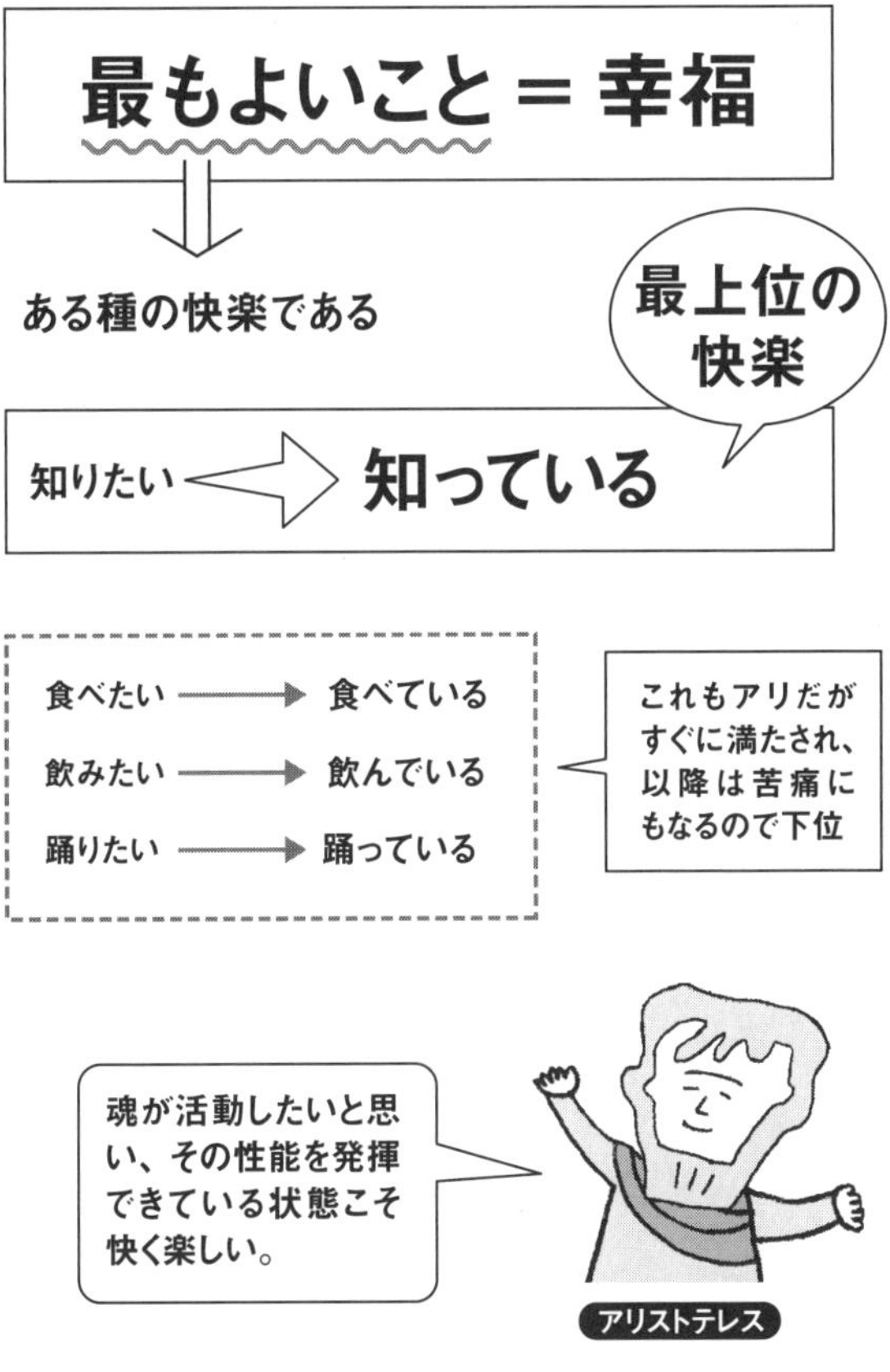
最もよいこと＝幸福
ある種の快楽である
最上位の快楽
知りたい
知っている
食べたい
食べている
飲みたい
飲んでいる
踊りたい
踊っている
これもアリだがすぐに満たされ、以降は苦痛にもなるので下位
魂が活動したいと思い、その性能を発揮できている状態こそ快く楽しい。
アリストテレス

るのは当然のことなのです。そして、選びたくなるものというのは、快いもの、快楽のことです」。

そうだとすると、ここの論の結論とは、「**最高に善いこととは、魂の性能が可能態にあるのではなく、チャンと現実に働けていることであり、これが、ある種の快楽ということだろう**」ということになるのです。

ところで、ここで考えられているように、快楽というのが、魂の性能が活動したいと思い、その活動に成功することであるなら、魂の性能に応じていろいろな快楽があるはずです。そのうえ、アリストテレスの考えている人間の魂も、様々な性能を持っています。性能というのを、何かをしたいと思うこと、欲求すること、と置き換えれば、おわかりいただけると思います。昼食を食べたい、ワインを飲みたい、きれいな景色を見たい、この景色の作り手を知りたい、こうなっている事態の原因を知りたい、といった様々な欲求が考えられるでしょう。

その場合のアリストテレスの話の進め方の一つのパターンは、こういった**様々な性能をいくつかに分類し、その間に上下関係をつけてみる**ことです。

もちろん、哲学者アリストテレスが選ぶことですし、しかも、聞き手は、くり返して言いますが、アカデメイアあるいはリュケイオンに集まっている、哲学好き、学問好きの学生ですから、当然、**魂のなかのヌース**（知性＝魂のなかの、ロゴス・言葉で思考する部分）の性能が活動することを上位に置くに決まっていますし、聞き手も抵抗なく認めるはずです。

確かに、感覚にだけ助けられ感覚に関する性能のみが思うまま活動するなんてのは、過剰で無理な快楽の追求をしてしまうということにもなって、結局は苦痛（この場合の苦痛とは、理性的部分の性能が活動しない、できないということです）に加担して、快楽としては長続きのすることではなくなります。

アリストテレスの考える神様

もちろん、アリストテレスですから、魂の下位の部分の性能が活動をし、そのかぎりで快くなることも認めてはいるのです。たとえば、人間なら、どんなに高度なことをしていても、のどが渇けば水が欲しくなるはずですし、そのとき水が用意されていたら、そのかぎりでは快く、幸せにはなれます。でも、喜んで飲み始めるとしても、いつまでも飲んでいられるものではありません。そんなことを強いられたらそれは苦痛となります。要するに、この幸せは長続きするものではないということなのです。

でも、人間でない神様はどうなるのでしょう。アリストテレスは、ここで神様のことを考えます。あのプラトンが、神様を理性として、ただし、人間のよりは間違いのない理性ではありますが、働きは同じ理性だとして、彼の対話篇外に置いてしまったあの神様を、アリストテレスはどう考えたのでしょうか。

彼は、神様もあれやこれやと心を動かすと考えたのでしょうか。そんなことを考えるはずもありません。彼は、神様について、神の活動は運動ではなく、不動という活動なのだと言うのです。しかもこの神様のたった一つの活動は、**自己思惟《しい》**（思惟の思惟とも言われます。妙な言葉ですが、思惟するものが思惟する自分を思惟しているということだとも説明されます）なのです。

ですから、**神様は、何か対象を探して動き回ることもなく、対象がいなくなってしまう心配もなく、じっとしたまま、じっと思惟している自分を思惟していれば、それで最高によく、最高に快い**ということになります。

そうなると、ほとんどの人々から、「何、その神様は？　一人で何やってるの？」なんて反応が出るかもしれませんが、でも、ここでも聞き手は、そして話し手のアリストテレスも、アカデメイアの人たちです。当然、プラトンの善のイデアを熟知し、そのうえで講義をし、講義に出ていたはずです。究極の存在、あるいは存在を超えた存在である、善のイデアは太陽にも例えられ、光を放つだけだったのです。憧れて、こっちのほうを見上げている人間に、何か手助けしてやろうとか、せめてにっこり笑ってやろうとか、それほどのこともしてくれないのです。人間のほうが、それを憧れ見て、それに似せようと努力するだけだったのでした。

アリストテレスの自己思惟している神の、この冷たさは、あのプラトンの究極の「善のイデア」と同じことです。それは、前にも言っておいた、ギリシャ人が、神を哲学から排除しようとしたこと、ソクラテスが神と対話することに成功した後でも、プラトンはやはり、人間だって対話する理性を持っているのだから、神抜きで哲学をしていけると考えたのと同じ線上にあります。

もちろん、アリストテレスの神だって、プラトンの善のイデアと同じで、人間に悪意など持ってはいません。でも、助けてもくれないというだけです。何しろ自己思惟なのですから。

ここでも、アリストテレスはどこからも突っ込まれることなく、安心して論が進められます。結論としては、神様の幸福というのはそういったものなのだから、人間の場合も、人間の魂の持っている徳、それが実は、その魂の持っている本当の在り方なのですが、それが邪魔されず、現実活動できていれば、それが何にもまして、その人間にとって、快く、幸福なのだということになるはずだと言えることになります。

ここで突然、徳という言葉が出てきますが、アリストテレスは徳という言葉で、プラトンも言っていたあの四徳、知恵、勇気、節制、正義を考えているようです。そして、魂がそれぞれの徳を邪魔されず発揮できている状態が幸福なのだというつもりなのです。

でも、何しろ、最高善の話をしているわけですから、徳も最高の徳を、そして、それを発揮している魂の部分も最高の部分を、ということになります。最高の徳ということになれば、当然、哲学者アリストテレスにとっては、そしてその話を聞いている哲学者を目指す聞き手にとっても、知恵ということになります。しかも本物の知恵です。

アリストテレスは、少し遠慮がちですが、人間の場合にも、知恵を挙げ、それと関わるものを、魂の、ロゴスを持った部分、ヌース（理性）と呼び、そしてそのヌースの活動を「**観想**」と語ったのです。

アリストテレスの考える神様

「観想」とは、魂の行う様々な仕方の思考のなかでも、theorein《テオレイン》と呼ばれるものです。「探求する」とか「研究する」などと日本語では訳されますが、もともとは「見る」「眺める」という意味の単語でした。でも、アリストテレスのなかで、「観想」というと、かなり大事で、厄介な意味を持つことになります。

「探求」とか「眺める」とかいうと、身近な単語の気がしますが、「観想」となるとそうはいきません。アリストテレスが「観想」を認めているのはもっぱら神様に、なのです。

彼の考える神様は、ヌース（理性）です。もちろん、最高に優れたヌースです。何しろ神様ですから。そして、そのヌースの対象になるのは、もちろん最も優れたものです。そういうことだとすると、この優れたヌースは、優れたヌースを、はっきり言えば自分のことを対象にするしかありません。

ということになると、神様は自己を観想しているということになります。そして、自己が自己を考えているということになれば、考えている自己も考えられている自己も、その場に有る、現実態であり、可能態ではないのですから、ここでは、実際に観想が行われているということになります。いつか行われるだろうなどという可能的な状態ではないのです。そんな神様の観想は、最も快く、最も善いものだ、と言われるゆえんです。

モットも人間も、自己を観想することはできます。そして、神のときと同じように、その観想は、快く善いものなのですが、でも、それは神の場合のように、永遠に続けられるものではないのです。そんなことをしていたら、すぐさま穴に落ちるでしょう。

でも、それでも、アリストテレスは、**知性の行う観想活動こそ、人間にとっても、快楽であり、終局的な幸福**だと最後には結論したのでした。

非受動的知性と受動的知性

本当はここでも、私は焦って、曖昧《あいまい》な説明をしてしまったようです。アリストテレスは私の言ったこと以上に、この知性の活動を、分析して、もっと正確に語っていたのです。ただし『ニコマコス倫理学』ではありません。『**霊魂論**』と訳される本のなかで、です。

ここでも、知性と言っても二種類あるのだと彼の得意の分割法を披露し、説明を進めていきます。知性は二つに分けられ、それらは、受動的知性、非受動的知性と呼ばれます。

前者はすぐ思いつきます。物を考えるときには、考えられていることやもの、言い換えれば、考えられている対象があるのです。たとえば、明日仕事に行くときの服装とか。そういったことについて私は考えを巡らすわけです。明日は暑そうだ、とか、私の好きな服はクリーニング店だし、とか。これは、たまたま一日早くクリーニング店が届けてくれたら、すぐに解決、私の考えの対象から消えます。私はもうその件についてては何も考えません。ある対象について考えるということは、そういったことです。もちろん、なぜリンゴは落ちるのに月は落ちないのか、などという高度な問題は、なかなか決着がつかず、対象となっているものもいつまでも残る、ということにはなるでしょうけれど。

これが、思考の対象によって制限され成り立っている知性の活動です。思考対象によって制限されている、その意味で、受け身の、要するに、アリストテレスの言う受動的思考です。

でも、その知性のうえに、実は、知性の対象を自分の内に含んでいる、だから、対象から離れることなどない、対象がなくなることもない、**いつも自分一人を自分一人**

観想的生活とは

知性 によって思惟する（深く考える）ことは幸せである

受動的知性

対象が思惟の外にある＝思惟は対象によって制限される

㊀「明日は傘が必要かな?」
→翌日になれば「明日は傘が必要か」は考える必要がなくなる

非受動的知性

思惟の対象が内（自分）にある＝対象がなくならない

㊀自分とは何であるのか
なぜ自分は存在するのか

神様の思惟はもっぱらこちらだから、神様は最高に幸せ

人間も自分のことを思惟することはできる。神様にならい思惟し続ける観想的生活こそ、人間の理想である。

で思考している知性があるのです。

その知性は、自分でないものを思考しているのではありませんから、そういった自分でないもの、自分の外のものからの作用も妨害も受けることがなく、だからいつまでも思考し続けられるという、非受動的知性なのです。

でも、もちろん、この知性を完全に手に入れているのは、先ほど言ったように、神様だけです。考えたって、人間が持てるものではありません。でも、自分が何者だろうかと考えつめるとか、「われ思う、ゆえにわれあり」なんていう命題に到達するとか、人間でもまったく持てない知性というわけではなさそうです。とはいえ、いつもいつも、自分についてこんなことを考えていたら、それこそ道にある穴に気づかずに落ちて笑いものにされてしまいます。

でも、この知性こそ神様の知性なのです。そしてだからこそ、神様はいつでも最高に幸せなのです。それに反して、人間は、知性で思考し続けるなんてことはできない、だからいつまでも、そして、いつでも幸福なんて言えないのです。**人間が最高善の幸福であるのは、運が良くて一時**、ということになります。

『ニコマコス倫理学』の結論

もう一度繰り返しておきますが、このように永遠に幸せなアリストテレスの神様は、**「動かずして動かすもの**（不動の動者）」と呼ばれてもいます。

神様は、幸せで、最善なものですが、だからといって自分で何かに手を出そう、手を貸そうなどとはなさらないのです。善であり幸福であるとして、光り輝き、みんなに仰ぎ見られ憧れられるものですが、神様のすることはそこまで。あとは人間などが、その神様に憧れて、その神様に向かって、あるいは、神様に似た動きで、動いていくということになるのです。

これって、プラトンの語っていた善のイデアと似ていませんか。太陽に例えられた善のイデアも、ただ光っているだけで、人間は、それに憧れて、その光のなかで幸せだったのでした。

神様、あるいは、最高のものに関して、この二人には共通の考え方があります。**神様あるいは最高のものは、人間に、あるいはこの世のものに手出しをしない**ということです。

これは、この当時のギリシャで求められていた考え方だったはずです。前にも述べたように、ギリシャ神話、そして、それに題材をとったギリシャ悲劇を考えれば、どう見ても神様は私たちにいいことをしてくれたりはしないのです。神様が手を出すと、必ず誰かが不幸になります。神様はいらっしゃるだけ、人間には手を出さないとしたほうが、ずっと人間にとっては楽でしょう。ある意味、この二人の神様観は時代に要請されたものだったのかもしれません。

まあこのように、アリストテレスの講義は、「**みんなが賛同する意見**」から出発してここまで来たのです。アリストテレスは、何をやってくれたのでしょうか。

先に言っておいたように、彼は、みんなが同意することから、何が出てくるのかをまず初めに明らかにしようとしていたのです。だから、その講義原稿である彼の本を読んでも、そこに述べられていることは、最初の意見に賛同すれば、あとは、疑問の余地を挟めないほど説得的な論として進んでいくのに気づきます。

もっとも、よく読むと、いくつかの転回点で、疑問を挟むことができたのかもしれません。たとえば、最高の幸福である最高善をある種の快楽だと言い換えたとき、です。善と快楽、これはプラトンの対話篇のなかでもいろいろ論じられていました。もっともアリストテレスは、「ある種の」と断り書きのように、修飾語を入れてはいますが。

それから、すぐ神様を考察対象に、しかも最高のものとして、出してきたのです。彼は、自己思惟しかしない「神様」をすでに最高のものとして、講義し終えたと確信していたと思うのです。そうだとすれば、この原稿は、実に全うに、全員の（たぶん）同意のうえ、幸福についてのアリストテレスの見解を語りあげたものと受け取られたはずです。

ここで納得できなかった聞き手がいたとしたら、彼はたぶん、講義の後、アリストテレスのもとを訪ね、質問、あるいは、反論したかもしれません。でも、たぶんアリストテレスは、それを巧みにかわし、この本の場合は、たとえば、プラトンもそう言っているだろうなどとかわして、それから先は、彼一人の独壇場でしたから、彼の巧みな分析で、行きつくところは、彼の目指す、幸せな神の自己思惟、彼の講義原稿通りの話になって、『ニコマコス倫理学』が完結することになったのでした。

「論じあう場」に必要なもの

でも、これが「哲学」の講義だとしたらどうなのでしょう。

哲学は、プラトンにとっては「論じあい」が軸でした。そしてそれこそが、プラトンの場合の何よりも大切な哲学だったのです。でも、そういった「論じあい」については、このアリストテレスの講義原稿には一切出てきませんでした。アリストテレスの書いたのは、**自分の主張を、うまく聞いてもらい、賛同してもらうためのテクニック**です。

というのも、思い出してください。プラトンの書いた『ソクラテスの弁明』のなかのソクラテスを。被告ソクラテスは、彼の弁論のなかで、「ソクラテスは、アテナイの人々が信じる神を信じないで、新しい（妙な）ダイモンを信じている、だから不敬罪である」と主張している原告を呼び出して、「君は私がダイモンを信じていると言うけれど、君はダイモンの親が神であることを認めるか」と聞き、それを認めさせたうえで、「だとすれば、子がいることは認めるのに、その親がいることは認めないなどということはあるだろうか。子のダイモンは信じているけれど、親の神は認めないなどということはありえない、したがって、私は神を信じているのだ」という、いわゆる前提、両者が共有できる立場、この場合は、「ダイモンは神の子だ」を押さえたうえで話を進めていこうとしたのです。そして「論じあい」とはこのことでした。

プラトンはこの「論じあい」の過程を、そしてその結果出てくる答えを重視したのです。だから、当然、勝ち負けがはっきりするわけですし、恨みを買うこともあったかもしれません。

と言ってみたものの、実は、アリストテレスがアテナイに来たころ、アテナイの人々は、すでに議論ができるような状態ではなくなっていて、それぞれが好き勝手に語り、聞くほうも、気に入ったところにだけ反応するようになっていたのかもしれません。そうだとすれば、自分の意見を、聞き手にきちんと伝えることこそ一番大事だということになります。

それには、まず、**聞いてもらえる場を作る**ことこそ、プラトンの考えていた「論じあい」の場、哲学の場を準備するためには必要だと、アリストテレスは考えたのかもしれません。

とすると、彼の求める相手とは、そういった同じ場にいて、**話を聞きあえる仲間**ということになります。

プラトンの考えていたのは、本当は、もう少し違ったことのはずでした。彼が求めていたのは、自分の発言に異議を唱えてくれる人でした。前提は同じでも、自分とは異なる考えを持っていて、違う立場から主張してくれる人ということです。

目指すところは、真理とかイデアとかいうものでしょう。でも、対立する人が現れ、その人と論じあうことによって、自分では思いもつかなかった、新しい見方、あるいは新しい真理発見の道を知ることができるはずだ、と、そういう期待がプラトンにはあったのでした。

だからプラトンの場合なら、イデアを、あるいは善のイデアを求める同志を、対話しながら、見つけることにもなったのです。プラトンが、ソクラテスの同志となって、生きようとしたように。

アリストテレスの「**仲間**（philoi《フィロイ》）」は、違います。少なくとも彼の原稿のなかには、プラトンの考えるような、対立しあっている二人など出てきませんでした。プラトンにとっては、たとえ対立する二人であっても、同じものを目指すかぎり、それは同志であり、仲間だったのでしょう。では、アリストテレスにとって、仲間って何だったのでしょうか。

それを、彼は『ニコマコス倫理学』の幸福論が終わったところで話し始めます。全十巻の終わりに近い八巻、九巻においてです。彼は言います。

「これに続いて、論じられるのは、愛(philia《フィリア》)である」と。

実は、philoiという言葉を仲間とか同志と私が勝手に訳してみたのですが、philoiとphilia は同じ語源の単語です。philein《フィレイン》という動詞からできたphiliaという抽象名詞、そしてphilos《フィロス》(複数形はphiloi)。愛すること、愛、愛する人、愛する人々。これが原義です。

プラトンにとっては、たとえ対立する立場であっても、同じものを目指すかぎりその人は、志を同じくするものという意味で同志、philoiでした。もちろんその志とは、真理を発見したいということです。

でも、**本当の意味で、対立するもの、向き合うものなどは、アリストテレスの場合は出てきません**。話は淡々と、彼の前提と論理で進んでいったのです。では、そんな彼にとって、philoiって何だったのでしょうか。

友だちのいない人生なんて

philiaと言えば、紀元前のアテナイでは特に、ほとんどエロスと同義語として使われていましたし、プラトンの作品でも、特に『饗宴』のなかで語られていて、何と言っても、哲学＝知を愛すること＝philosophia、哲学者＝知を愛する人＝philosophos《フィロソフィア》と説明されているので、philiaはプラトンの対話篇のなかの主人公でした。それをアリストテレスはどうしてここで扱い、どういう話にしたいのでしょうか。

「これに続いて、論じられるのは、philiaである」。アリストテレスは、そう言ったすぐ数行後、**「philoiなしには、それ以外のありとあらゆる善いものを持っていたとしても、人は誰も生きていたくはないだろう」**と言い出します。

このphiloiという単語が、今お話ししたように、あのphiliaなどと同じ語源の言葉だというのは、おわかりいただけると思います。だから、今までの流れで訳すなら、「愛している人」となると思うのですが、日本語訳を見ると、philiaは愛ですが、philoiは「友人」となっています。

もちろん誤訳などではなく、これから八巻、九巻と進むにつれて、アリストテレスが「愛」の問題を取り上げるとき、彼の頭のなかにあるのは、プラトンが言っていたような「愛人」とか「愛」などというものではなく、まったく無関係ではないとしても、やや（?）離れた、「友だち」あるいは「友情」のことであるのがはっきりしてきます。そしてなぜ彼はそうしたかも。

アリストテレスは、幸福の話をするときに、神様を引き合いに出したのでした。自己思惟をする、いつも幸せな神様のことです。神様が自己思惟しかしないなんてとか、普通だったら文句も出るでしょうが、善のイデアを頂点とする考え方に馴染《なじ》んでいるアカデメイアの学生への講義のなかでの主張です。彼らなら無条件に納得したはずです。そのうえで、アリストテレスが問題にするのは、では、神様でない人間はどうしたらいいかということです。

そこでアリストテレスが出してくるのは、神様には不必要な、でも、神様より欠けるものの少なくない人間には必要なものとして、仲間を考えることになったのです。それが、philoi なしには、つまり友だちが（仲間のことですが）いない人生なんて！という先ほどのセリフになったのでした。

だからここからは、人間が友だちを、仲間を作るのはどうしたらいいのかという話になるわけです。

友だち成立のための三つの要件

その話をする際にも、アリストテレスは彼流の考える手続きをとります。「友だち」が成立するための要件を三つに分けて語ってみせるのです。

人の愛する（あるいは好意を持つ）対象は、分類すればこれもまたいろいろ出てきますが、とにかく「善いもの」のことです。でも、ある人と友だちになるためには、**その相手にも善いことがあるのを願わなくてはなりません**、これが第一の要件です。

第二の要件は、その相手から、善いことが私にあるようにと願ってもらえなくてはなりません。**愛返し**（antiphilia《アンチフィリア》）してもらう必要が出てきます。

この愛返しがないとき、嫌いだから愛返しがないのではなく、自分が好意を持っていることが相手に気づかれていないので愛返しがない場合でも、「友だち」にはなれないのです。これが第三の要件です。この場合、**愛返ししてもらえなかった私は、「好意を持っている人」のままで終わる**のだと言われます。

なんだかあまり必要な要件とは思えないものが並んでいるようですが、さっさと言ってしまえば、ここでアリストテレスは、人間が人間以外のものと、直訳すれば「愛しあう関係」、ここからの話で言えば、「友だち関係」になる場合を除こうとしているのです。

この一つ目と二つ目の要件によって、無生物は「友だち」の対象から外されます。無生物としてアリストテレスが挙げているのが、どういうわけかワインです。私たち人間が、ワインに対してワインのために善いことを願ってあげたりするでしょうか。冷えた貯蔵庫にしまっておくというのは、ワインがいつまでも美味しく保存されるため、つまり、人間のためにすることです。人間が、あくまでも人間のためにワインを保存するという善いことを行っているのです。貯蔵庫に保存されることが、ワインのために、ワインに対しての善いこととして人間が願うわけではないのです。第一の要件に当てはまらないのです。

そして、第二の条件です。愛返しについては、どう考えても、無生物の行えることではないでしょう。無生物というのは、ギリシャ語では「魂を持たないもの」という意味を持ちます。魂を持たないものが愛を持つはずはなく、だから愛返しは望めるはずもなく、そこで、すでに第一と第二の要件によって、魂を持たない無生物「ワイン」との間には、友だち関係は成り立たないとアリストテレスは言うことができるのです。

第三の要件では、友だち関係は、知り合える範囲にいるもの同士の間で成り立つということになるでしょう。アリストテレスはこれを、**共同生活をしているかどうか**で計ろうともしています。もちろん、していなくてはだめということです。共同生活もできないものたちは、どちらか一方が相手に善いことを願ったとしても、相手から同じようにしてもらえないことが多い、言ってみれば、相手の思いをそれほど知りたくないから、少し離れていようということが多いからです。

こういった一方的な願いは、愛ではなくて、好意なのだとアリストテレスは言っています。知り合えない人に、もしいいことがあってほしいなんていう思いがあったとしても、アリストテレスにとっては、それは愛ではないのです。当然、友だち関係にもなれないのです。

もちろん、ここでも、「魂のないもの」＝ワインは人間の愛、そればかりでなく、好意にさえも気づけないということになり、友人関係は成り立つはずなどなくなります。

アリストテレスは、**愛を、互いに持ちあえるのを人間に限った**のです。要するに、互いに愛を持ちあえるものとして、「友だち」を人間同士に限定し、そういった友だちのことについて論じていきたいという意向を見せているということになります。

　でも、そういうことだとすると、たとえば、私とうちの猫とは友だち関係にはなれないのでしょうか。猫は無生物ではありませんし、猫が私に好意を抱いているというのは、私にはわかりますし、相手にも私の好意はわかっています。

　私の愛に、猫は猫特有の仕方で、応じてくれます。もちろん、一瞬のことですが。何しろ猫ですから。それでも、私は幸せです。そのうえ二人は、同じ空間で生活しています。要するに、知り合える同士なのです。

　人間でないもの、動物と、愛を持ちあうこと、すなわち、友になることはできないのでしょうか。アリストテレスは昔の人なので、そのころはまだペットのような動物の飼い方ができるほど余裕がなかったから、そんなことを考えても無理だということになるのでしょうか。

　でも、たぶん、アリストテレスのここの説明から見ても、私と猫との関係はちゃんと友だち同士に入ると思うのです。第一の要件も、第二の要件も、そして、第三の要件も、成立しているからです。

アリストテレスが動物との関係をどうするつもりで考えていたのかはわかりません。たとえば、動物は確かに魂を持つけれど、一番大事なヌース的部分は欠けているとか言って逃げる気であったかもしれません。

愛の三つの対象

とはいえ、アリストテレスは、ここから以降、当然ですが、友「人」関係だけを問題にしていきます。もちろんここでも、この問題を考えていく際には、例によって愛を愛の対象によって、三種に分けて語ります。

対象には三つあります。**善いもの**か、**快いもの**か、**有用なもの**かのいずれかだとするのです。いつものアリストテレスの語り方です。そのうえで、後ろの二つは相手が自分にとって、そういった対象ではなくなったときには、すでに愛している根拠がなくなったわけですから、そこで友人関係は消え、二人はたまたま友人だったにすぎないということになる、だから本物の友人関係にはなかったのだと断言するのです。

そして本当に長続きする、だから本当の友人関係というのは、**善いからということ**

で友人になったもののことだとします。

善いからということで、アリストテレスが考えているのは、あの「徳」のことです。徳と言っても複数の徳がありましたが、そのなかでも、同じ徳を持っているから友人関係になったという人々こそ、徳とはその人の魂の持つ性能のことなので、それはその人が生きているかぎり変わらない。だから、この二人は、壊れることのない完全な友人関係に入ると言われるのです。

こういう人たちが、互いに善いものが相手のためにもあるようにと願うのです。この場合、この二人は持っている徳が同じなのですから、同じ徳、同じ善いものが互いにあることを願いあうことになります。要するに、たまたま持っていたきれいな顔などではなく、その人自身に備わった徳を互いに望みあうということになるのです。**友人が善いものを得ることを、その友人のために願うのが最良の友人**だとすれば、この二人がそういう友人関係になるのは、二人が自分自身であるからで、たまたま起こったことではないのです。当然、ほとんど永久的な友人関係ということになる、と断言できるわけです。

もし運悪く片方が、何かの都合で我を忘れるようなことがあっても、そして、その徳を相手が失いそうになったとしても、当然、そうならないようにと励ましたりするでしょう。とにかく最低限この二人は、同じことを理解しあった仲間なのです。

たとえば、あの自己思惟を忘れそうになったとしても、片方が見守ることで、声をかけることで、思い出させることもできるし、そうしよう、そうしたいと心に決めている仲間です。この二人は、あの神様がしているようには永遠に自己思惟はできなくても、一緒になって、そこから離れてしまわないよう警戒しあえるということなのです。

アリストテレスが友人関係を作るために、だから、同じ講義を聞きあっていることに重きを置いているのは、どうやら、彼らの関係は、見守りあう関係である。それによって、二人が理解しあったあの講義をないがしろにすることなく、「長続き」させることができるのだということが見えてきた気がします。

この後、アリストテレスの話は、共同体へと進んでいきます。

友愛（フィリア）とは

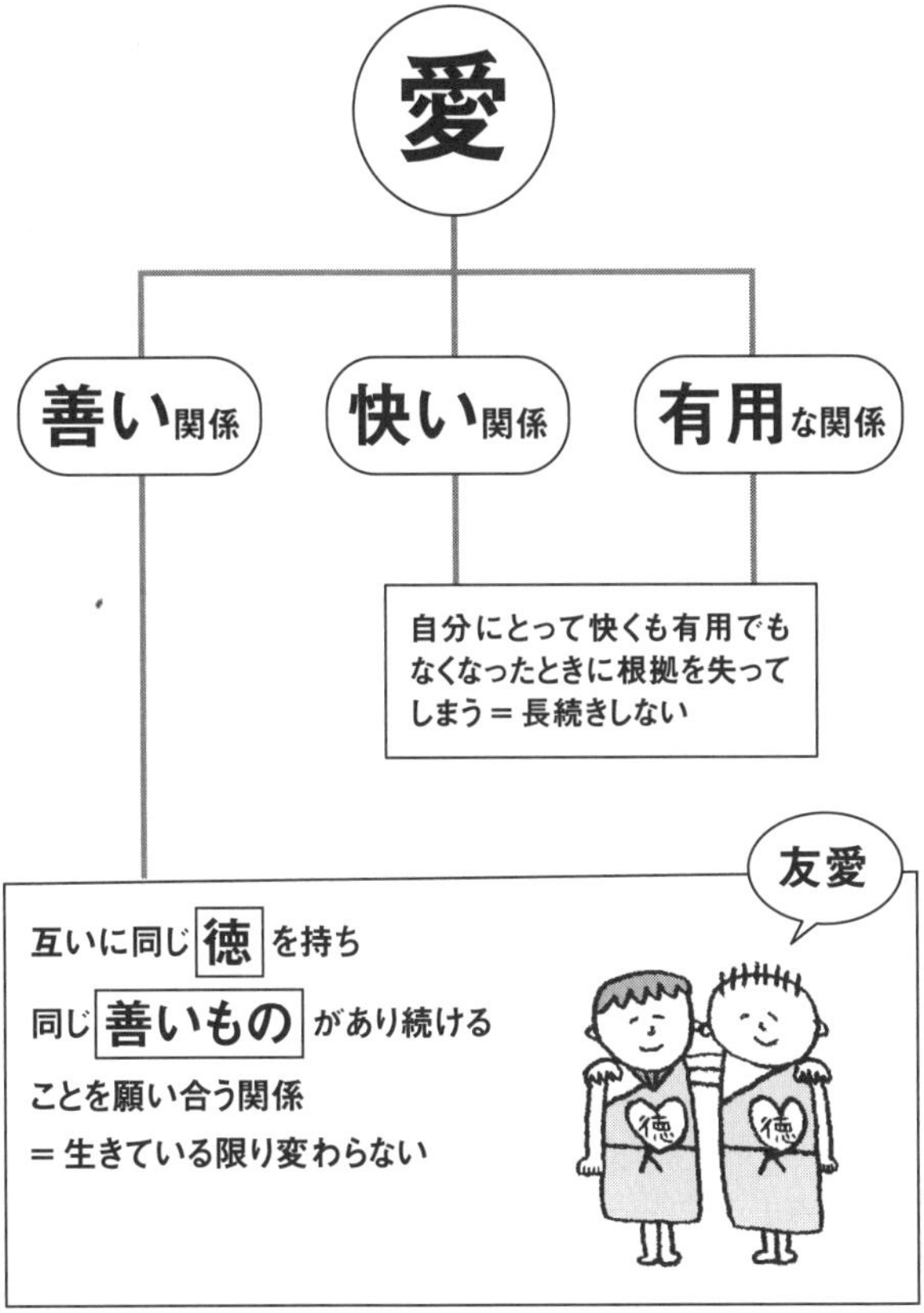
愛
善い関係
快い関係
有用な関係
自分にとって快くも有用でもなくなったときに根拠を失ってしまう＝長続きしない
互いに同じ 徳 を持ち
同じ 善いもの があり続ける
ことを願い合う関係
＝生きている限り変わらない
友愛
徳
徳

長続きする共同体？

アリストテレスが「**人はポリティコスな生き物だ**」と言ったというのは有名な話です。ポリティコスというのは、政治的と訳されることもありますが、ここでは、ポリスのとか、ポリスを作るとか、ポリスを共同体と訳すなら、共同体を形成するとか訳すべき言葉です。

もちろん古代ギリシャ語のポリスはあの「都市国家」という訳語がすぐ浮かぶ単語ですが、そのポリスの最小単位として、アリストテレスは「家」を挙げているのです。そして、その家の集まりが村へ、そしてポリスへと展開していくのです。その詳しい話は、『ニコマコス倫理学』より、『**政治学**』のほうに出ています。

人間は、自己思惟さえ一人でやりとおすことができないのですが、それだけではなく、そもそも存在さえしえない、互いに相手があってこそ存在しえるものであり、そこで共同体が生まれたのだと言われることになったのですが、その最小単位が家なのです。

アリストテレスはここで、叙事詩人のヘシオドスが書いた『仕事と日』からの引用を載せています。「家がまず最初に、そして、妻が、また耕す牛が」という句です。

人間はポリティコスな生き物

共同体では、所属する者たちは、いろいろな友情で、結びついているのです。気の合った二人が友人だというときには、同じ徳を持っていて……ということで話が通じたのですが、共同体となるとそうはいきません。同じ種類の人ばかり集まってはいません。だとすれば、品位の点でも、性能の点でも、差が出てくるのは当たり前です。

アリストテレスは男女間、主人と奴隷間のことも考えています。そして、**劣っているものは、勝っているものに、よけい尽くすことによって等しさが保たれ、その「友人関係」、言い換えれば、仲間関係が「長続き」する**のだ、と言うのです。

いろいろな人で構成されている国家という共同体を考えるときにも、いろいろな人がいろいろの集まりで、いろいろな仕方で等しさを保ち、仲間関係を続けていけることこそ、国家という大きな、包括《ほうかつ》的な仲間関係を「長続きのする」揺るぎないものにできるのだと彼は考えたのでした。

この見解は、現代の私たちには、納得いかないものではないでしょうか。私たちは、たとえば、国家の場合、福祉のことを考えます。税金も、よりたくさん収入のある人が、収入の少ない人を助けるため、多く支払うのだという考えです。もちろん、この現代福祉国家の在り方は、今問題を引き起こしているわけですが。いずれにしろ、アリストテレスの共同体論のなかでは、福祉とは反対のことが考えられているので、福祉のために国家が莫大な借金を背負いこんでしまったなどという言い訳はできなくなります。それがいいのかどうかは別ですが。

アリストテレスの引用したヘシオドスも気になります。アリストテレスは、貧しい人のもとでは牛は家内労働を担う奴隷の代わりだと言っていますが、昔は牛ってそんなに安かったのかなと思うと同時に、牛が奴隷の代わりであれ、どこかの共同体で、その成員の一員だと言うのなら、やっぱり、ある種の動物は人間の友になれるのではないかと思ってみたりするのです。

アリストテレスの「美のない愛」

それはさておき、アリストテレスの「愛」の役目は、共同体を、ひいてはポリスを成立させる、そして維持させる、だから、決してその共同体を壊させない力としての側面だったということができます。彼の言うphiliaは、「**友愛**」などという訳があたるのかもしれません。

とはいえ、繰り返しますが、このphiliaというギリシャ語は、日本語に訳すのも大変ですが、この単語を使っている古代のギリシャ人にとっても、厄介な単語だったのではないでしょうか。

プラトンの『饗宴』でソクラテスが紹介する、ディオティマの「愛」の場合、**愛は、強烈な、すべてをなげうつことも要求する、**そういった愛でした。誰かの愛人となれたとしても、その結びつきを保証してくれるものは何もありませんでした。いざというとき、それはもっと美しいもの（美しい人間ではないでしょう。それはただの浮気です。そうではなくて）、高次の美を見つけたときですが、そんなときには、愛人はためらいもなく置き去りにされてしまうのは当然のことでした。

プラトンとアリストテレスの愛についての文章を読むと、なんだかとても不思議な気がするのです。それは確かに、愛（philia）というギリシャ語の単語が持つ、その時代特有の、わけのわからなさがあるせいかもしれません。その時代といったのは、特に紀元前5世紀のアテナイのことです。だからこの単語を今の日本語に訳そうとすると、あるところでは「恋」、あるところでは「友情」などと訳し分けないと、前後の脈絡が読み取れなくなってしまうのです。

アリストテレスの『ニコマコス倫理学』では、そして特に、philiaを問題にしている八巻、九巻では、先にも述べておきましたように、出だしこそ、一番無難な「愛」と日本語では訳してはいますが、議論が進むと、出てきたphiloiという言葉を「友人」と訳して進んでいくしかないのです。愛と同じ訳を付けようとすれば、単数だったら愛人でしょうし、ここでは複数ですから、愛人同士ということになるかと思います。

問題はここにあるのです。プラトンの作品のなかでは、philoiは、愛人同士の意味で出てきます。要するに、それがそのころの、その単語の持つ意味でした。だから、主人のアキレウスのフリをして出陣し、戦死してしまったパトロクロスと、そのかたき討ちに出陣していこうとするアキレウスの年齢が問題になるのです。当時の愛人同士、愛人関係は、年上の男と、若い坊やの間に成り立つものとされていたからです。

確かに、アリストテレスは紀元前4世紀の人といったほうがいいでしょうし、アテナイの人ではありませんでした。だから、この単語を、友人同士の意味にとったとしても、無理はないかもしれません。でも、彼が師としたプラトンは、philiaについて、ひどくこだわった人でしたし、『饗宴』『パイドロス』で、しつこく、「愛人関係」を語っているのです。プラトンの本を読みふけったというアリストテレスが読み落としているわけはありません。

とすれば、不思議なことがあるのです。どこで語ろうと、プラトンはphiliaを「美」との関係で語りました。美しい人、美しい行為……美のあるところにphiliaはあるのです。でも、アリストテレスが『ニコマコス倫理学』で、philiaの対象として挙げたのは、善いもの、快いもの、有益なもの、の三つでした。**一番大事な、美しいものは挙がっていなかった**のです。彼が何を挙げようと彼の自由です。でも、ここには、あれほどプラトンのときに問題になった「美」が見当たらないのです。

アリストテレスは倫理学の本のなかで「美」は語りたくなかったのでしょうか。そんなことはありません。第二巻第三章1104b31で「選択」の話をするとき、彼は選択の対象として、快いもの、有益なものを挙げますが、三つ目には「美しいもの」も挙げるのです。それなのに、なぜ彼はここでは、美ではなく善にしたのでしょうか。

もしかすると、彼は本当にプラトンの書いた対話篇をよく読んでいたからかもしれません。もう一度プラトンの『饗宴』を読んでみてください。もちろん、これは愛(philia)を主題とする対話篇でした。そしてメインはソクラテスの語るディオティマから聞いた話ということになっています。そこでディオティマの語る話は、愛によって神の領域にまで昇ることでありましたが、そのために、まず、**一人の美しい外見の人（たぶん少年）を愛することから始めよう**と言っています。

ギリシャ人にとっては、これは当たり前の出だしです。でも次に言う彼女の言葉は、どう考えてもあまり当たり前には聞こえません。

「どの肉体の美も他の肉体の美と兄弟関係にあること、だから、美しい肉体全部を恋する者になって、あの初めの一人の人への恋を和らげなくてはなりません。そして何であれ個別の美などにとらわれることなく、美の大海に向かい、知を愛しながら、あの究極の美へと向かうべきなのです」となっています。要するに、どの段階でも、**美というのは、今ある状態から、人を引き離す力を持つもの**なのです。

だから、ディオティマの言う美を求める愛とは、たとえそのために、仲間という関係、あるいは、愛人という関係でさえ、一瞬成立したとしても、別の美に突き動かされれば、それまでの関係など含めて、すべてを放り出して、飛んでいくように、人を突き動かすものなのです。

とすれば、共同体を目指している、だから人間間の、できれば、永久のつながりを考えているアリストテレスにとっては、**つながりなど捨てることを促す本性を持った**

美に対する「愛」は、考慮の外に置きたかったのでしょう。それなら、彼が、彼の考える、人と人のつながりを作るphiliaを語ろうとしたとき、その愛の対象から美を外したのは、当然のことでした。

ここでアリストテレスの話は終わるのですが、おわかりいただけたでしょうか。アリストテレスとプラトンの違いです。哲学的な内容にも関係していくと思うのですが、それだけでなく、形の話です。

それは、先ほども言いましたように、アリストテレスも対話篇は書いたと言われています。ローマ時代には残っていたとも言われますが、今は残っていない。しかもプラトンは対話篇しか残っていないのです。これは偶然のことかもしれません。でも、ただの偶然ではないような気がします。

プラトンが対話篇を書いたのは、それまでの哲学が詩で書かれたりしたのと比べて、やっぱり画期的なことだったと思えるのです。哲学というのは対話だ、という自覚に基づいた選択だったと思えるのです。

しかも、それを実際に行って、何も紙に書きとめようともしなかったソクラテスを主人公に、作られた対話篇なのです。書かれたものでしたが、そこに名前の出てくる人は、生きて対話をしていたのだと思います。あるいは、生きて対話をしているように書きたかったのだと思います。**ソクラテスと生きた、自分、プラトンのことを、他の人にも生きてもらいたかった**のです。

それに比べて、アリストテレスの本は、まさに、その後の、そしてそれは今にも続いていますが、論文の書き方のお手本です。そしてこれから以降、ほとんどの哲学者は、アリストテレスの路線で本を書くことになります。残念ですが。

新たに登場した哲学の三つの派

アリストテレスの死が紀元前322年なら、それは彼の弟子であったアレキサンダー大王の突然の死（紀元前323年）と1年違いです。もし、ドイツの歴史家の命名による《**ヘレニズム**》時代というのが、大王の即位の年（紀元前336年）から紀元前30年までであるとするのなら、アリストテレスはその後半生をヘレニズム時代に生きていた、ヘレニズム時代の哲学者ということになるかもしれません。

でも、ヘレニズムとは何でしょうか。ギリシャの国名は、今は、エリニキ・デモクラティア、ヘラス共和国です。ギリシャなどとはどこにも出てきません。でも、日本人にとってはギリシャはギリシャですよね。どうしてそういうことになったかと言えば、日本に最初に来たヨーロッパ人がポルトガル人だったことが影響しています。ラテン系のヨーロッパ人は、あの国のことをラテン語のグラエキアに由来する言葉で呼んでいるからです。

というわけで、ギリシャ人自身としては、自分たちのことを、ギリシャ神話に由来する単語ヘレーネースと呼んでいるのです、昔も今も。そしてそれが、ヘレニズム時代という言葉になったのでした。

この時代の発端は、あのマケドニアにあります。マケドニアというのは、ギリシャの北にあり、オリンピア競技会にも参加するほどギリシャに関心を寄せていたのです。ということは、そこの王たちは、ギリシャのポリスを全部自分の支配下に置ければと思っていたということでもあります。そして、その希望は、実は、アレキサンダー大王の父の代で、ほぼ達成されたのでした。

後を継いだ大王は、別の方向にも版図《はんと》を広げようとします。ペルシャ遠征を計画し、ペルシャはもちろん、エジプトまで含め次々と征服して、なんと、インドの中央にまで近づいたのでしたが、部下の疲労にやむなく引き返し、バビロンまで戻ったとき、今もって様々な説が出る余地のある、決定的説のない原因で死んでしまいます。それが先ほど書いた、紀元前323年です。そのとき大王は32歳の若さでした。

大王は征服した地域の都市に自分の名を付けていったのですが、そのなかでも有名なのは、エジプトのアレクサンドリアです。この後ヘレニズム時代には、大きな図書館などもでき、あの有名な、「見つけた、見つけた（ヘウレカ）」と裸で市中を駆けたと言われる**アルキメデス**や、平面幾何をまとめた**エウクレイデス**（ユークリッド）などの学者も集まっていたのでした。

アレキサンダー大王の名前は、ペルシャ語やアラビア語ではイスカンダルとなり、地名となるばかりではなく、男性の名前として、多くの王様や英雄の名になりました。日本でも、あの大王の名と知ってのうえか、『宇宙船艦ヤマト』でヤマトの向かう先の国はイスカンダルと名付けられています。

アレキサンダー大王から始まったヘレニズム時代は、こういうわけで、ギリシャ中心だった世界史に、大きな変化を与えました。「世界史」などというのは、後世に、ヨーロッパ人の考えたものでしょうが、要は、政治も文化もその中心が広がり、逆に言えば、当然文化的には超先進国だったギリシャも含めて、エジプト、ペルシャ、もしかするともっと東方の文化も加味した、新しい文化圏ができたということになるわけです。

こういうふうに、広く、新しい文化と接することができるようになったとき、人は思わず自分の今までの状態を振り返ってみるものです。哲学者にとっては、アリストテレスまで進んできた考え方です。人間と神の共通項である理性、ギリシャ語で言えば、ロゴス（言葉）。言葉を通しての努力。でも、別の方向から、三つの派が登場してきたのです。**懐疑派**、**ストア派**、**エピクロス派**です。

彼らの主張は、三派別々であり、互いに非難しあう、あるいは、悪口を言い合う、憎みあう、ということもありました。特に、ストア派はエピクロス派を目の敵《かたき》にしていて、エピクロス派は快楽におぼれることを目指している派だと、非難してまわっていたということです、ローマ時代になっても。そしてだからこそ、英語でepicurean《エピキュリアン》と言えば、極端な快楽主義者、美食家を意味することになっているのです。でも、結局のところ、この三派は根っこのところでは同じでした。どの派も、大事にしたのは、

魂の平安、平静だったのです。

それまでの哲学者が、たとえば、一番彼らに近いアリストテレスでさえも、大事な生き方として主張するのは、人間の魂の一部をなしている理性を十分に発揮することでした。十分に、しかも常に発揮している神と、たまにしか、時々しか、発揮できない人間との差は、ある意味では、時間の長さの問題で、だから、人間の努力次第でいくらかは、神にも近づけると言っていたのでした。

でも、結局は完全には神になれないのに、なろうと努力するのはつらいことです。ここに出てきた三派は、魂の平安のために、そういった努力はあきらめるという路線をとったのでした。

この三派は、同じ紀元前3世紀、同じアテナイに学校を開き、同じ目標、魂の平安を説くことになったのでしたが、一番はっきりしているのは、**ピュロン**の懐疑派です。

懐疑派――言葉を使わない賢者

懐疑派はピュロン（紀元前360～前270年）が始めた一派です。

彼が大切なものと考えたのは、心の「**アタラクシア**」でした。アはギリシャ語の否定辞です。タラクシアは動詞「タラッソ（かき乱す）」から作られた名詞で「かき乱されること、混乱」です。とすれば、「アタラクシア」というのは、心が「かき乱されていないこと」「混乱していないこと」となります。普通、これは、「心の平静さ」と考えられています。

では彼は、心の平静さをどうやって得ようとしたのでしょうか。

特に、仲間たちと言葉を交わすことによって共同生活をすることになっているギリシャ人の彼にとって、何より心が乱されるのは、何か主張しようとして、反対されるときでしょう。そこで彼は、「**エポケ**（判断中止）」を説くことになったのでした。判断さえ中止すれば、何が正しいのか間違っているのか、論ずる必要もなくなります。論じあい、主張しあっているからこそ、憎みあったり、馬鹿にしあったりという心騒ぐことも起こるのです。判断中止は、心の平安のために、何よりのことです。

彼の主張は、ですから、**人間には、どう頑張っても、正しいことを判断できないのだ**ということが、基調になっています。そこで、彼の主張は、懐疑主義と言われることになるのです。

でも、哲学の初めが、ギリシャの人ソクラテスにあるのだとすれば、そして、もし哲学者ソクラテスも「心の平安」を求めていたとしたら、それを得たのは、言葉によって、誰が一番賢いかを聞き歩き、訪ね歩いて、神の真意（と思うもの）に、要するに彼の場合は、「無知の知」ですが、それにたどり着いたときだったでしょう。

ピュロンは、その追究するための「言葉」を捨てようとしました。捨てなくては、平安にたどり着けないと思ったのです。言ってみれば、彼は、ソクラテスのような、ギリシャ人の持っていた、**言葉への信頼、そして愛着を捨てようとした**ということです。

ピュロンという人ですが、彼については、『列伝』九巻第十一章の冒頭に書かれているところによれば、「アナクサルコスの弟子になって、どこにでもついて行った」とあります。このアナクサルコスという人は、あまり有名ではありませんが、これまた『列伝』の九巻第十章にほんのわずか述べられていて、それによると、大王の、いわゆる東征にも随行したと書いてありますので、併せて読めば、ピュロンもアナクサルコスとともに、東征について行ったのだろうと予想できます。

そして、だからこそ、それに続いてのピュロンについての記述に、彼は、「インドでは裸の行者と（ペルシャでは）マゴス僧と交流した」と書かれているのです。

インドの裸の行者、直訳すれば裸の賢者となりますが、彼らは、ジャイナ教の信者です。ジャイナ教というのは、紀元前6~5世紀に生きていたとされる、ヴァルダマーナの教えで、彼は1000年前からあったヴェーダという経典（真理の書）を否定し、ジャイナ教と呼ばれる新たな宗派を作ったのでした。

彼の主張した、出家者として生きていくにあたって必要な戒律の一つが、生き物を傷つけないことでした。ただ問題になるのは、生き物の定義です。この教義では、動植物だけが魂を持っているのではなく、地・水・火・風・大気にまで魂は宿っていると言ったことです。そうなると、空気を吸うにも気をつけなくてはいけなくなるでしょう。

でも、ピュロンが本当にこの派の行者と会っていたとしても、彼が感銘を受けたのはそれではなく、この派のもう一つの教え、相対主義のほうだったのだと思います。

ヴァルダマーナは、真理はいろいろに言い表せると説いたのです。だから、これであるとかこれでないとかいった断定的な言い方は避けて、「こういった点から見ると」と限定つきで語るべきだと言いました。この派に、ピュロンが感動したのは、だから、**言葉で断定しない、言葉に固執しない、そういった生き方こそ、賢い人の生き方なの**

エポケ（判断中止）

いろんな見方があるのだから、言葉に固執してもしょーがない。

おおっ、そうだ!
人間なんてしょせん正しい判断などできないのだから
論じ合うのを
やめてしまえば
心の平静を得られる
はずだ。
ピュロン

だということを見てきたのは間違いないと思われます。

言葉を使わない賢者、これはそれまでのギリシャ文化圏では、言語矛盾だったでしょう。賢者という人は、普通の人には一見理解不能なことであれ、断固として言葉を語る人たちでした。「言葉を使わない賢い人」ということの驚きが、彼の派、ギリシャでは初めてと言われる懐疑主義者の派を作る動機になったのではないかと思われます。

エピクロス派――本当の快楽とは？

エピクロス派の**エピクロス**も紀元前３４１年頃〜前２７０年頃、ヘレニズム時代の初期の人です。

この派の名前は一昔か二昔前までかなり頻繁に、日本でさえ使われた、形容詞になっていました。エピキュリアン（epicurean）という英語の単語です。これは美食家を表す言葉でした。美味しいものに目がなく、贅沢《ぜいたく》をする人という意味で、非難をこめて使われていたものです。英語でも、この語は、快楽主義者、食い道楽となっています。

エピキュリアンという言葉は、エピクロスの名、または、エピクロスの徒を意味するギリシャ語のエピクレイオイから作られていたのです。とすればこの派は、心の平安などより、美味しいものを食べるほうに重きを置いているのではないでしょうか。心の平安を目指す三派には入れられないはずです。

実は彼のモットーも、アタラクシアだったのです。ピュロンと同じく、心の乱されないこと、心の平静なことです。ただ、彼の「心の平静」を支えているのは、「判断中止」ではなく、「**ひっそり生きよ**」でした。

この言葉は、普通「隠れて生きよ」と訳されているのですが、このままでは誤解を招きます。快楽を求める人はふつう騒々しく求めます。食べることに快楽を見出すなら、始終他人からの情報を求め、それを確かめに、あちこちにお出かけするでしょう。そのうえで、隠れて生きよということなら、これは、美味しいものの情報は、何食わぬ顔で聞き、行くときも、他人には見つからないように行けということになるではありませんか。うまいものは独り占めに、の変形にしか聞こえません。

これはこの語の翻訳がまずいのだと思います。そこでここでは、私の共同研究者の訳語をとることにしたのです。何か美味しいものを見つけようと探しまくり、騒ぎまくるのではなく、**穏やかにひっそりと、そこにあるものを食べ、それに満足できる、**

そういう生活ができるのが、本当の「快楽」主義者なのだということになるでしょう。

そして、エピクロスはそれこそ快楽主義者の極意と思っていたはずです。

だからこそ、彼は、「おなかのすいたときには、パンと水だけでも、最高の快楽を感じられる」「欠乏による苦しみが、すべて取り除かれれば、それが最高の快」と言うのです。パンと水で楽しめるということなら、普通だったら、たいてい手元にあるものですから、わざわざ欲しいと騒がなくてもいいでしょう。それに、健康にもいいですし。

さらに、彼は言うのです。パンと水で楽しく食事を送れるほうが、万一、贅沢な食事に出合ったときには、その食事をしっかりと楽しめるということになるのだと。だから、**パンと水で楽しく食事を送れることこそ、快楽主義者の望む、無敵の人生**ということです。

と言っても、人間は、あるいはその当時の人間は、そう安心して快楽を楽しんではいられませんでした。快楽がそういったものであったとしても、そして、人間にとって楽しむのがいい生き方だとしても、そうは安心していられないことが二つありました。**死と神**です。

『列伝』では、彼の『主要教説』を挙げていますが、そのなかでこの二つのことに触

エピクロスの「ひっそり生きよ」

れています。

死は、たぶん今でも、物心ついたときから怖いものでしょうし、神様のお怒り、その反対の神様からのご愛顧《あいこ》などは、今の人はいざ知らず、当時の人にとって最大の関心事だったでしょう。前から言っているように、そもそも哲学の初めから、哲学が何とかしなくてはいけない問題でした。

彼はこの二つ、死と神について、有名な言葉を述べます。まず、死についてです。「死は私たちにとっては何物でもない。なぜなら、（死は、我々がアトムにまで解体されることであるが）解体されたもの（アトム）は感覚を持たない。感覚を持たないものは、私たちに何物ももたらさないからである」です。

この世のものは、アトムの結合体からなっているというのが、彼らの説です。そして、その結合体が、結合体であるとき、感覚などが生まれるのです。ところが、死とは、その結合体がアトムにまで崩壊することです。崩壊した個々のアトムには感覚などないのです。だとしたら、死んでしまって、悲しい、怖い、などという感覚があろうはずがないというわけです。彼が、「死は私たちにとって何物でもない」と言えたのは、デモクリトスの主張するアトム論があったからだと考えられます。

神についても彼は言います。「至福で、不滅なものは、自分が厄介ごとを持つことも、他の者に厄介ごとをもたらすこともしないものだ。だから神は、怒りやその反対の愛顧から行動することはない。そういったことは弱いもののすることなのだ」です。

こうして神と死という二つの厄介ごとからも、彼は自由になったのでした。

ストア派──宇宙と人間と

ストイック（stoic）という形容詞が英語の辞書には載っています。「禁欲的な」とか「冷静な」という意味で使われるとも書いてあります。実はこの単語の由来はこの「ストア派」にあるのです。

これは、ヘレニズム時代にできて、なんとローマで、キリスト教が入ってくるまで、ローマ皇帝のもとでも信じられていた有名な哲学の一派です。ローマの皇帝だった**マルクス・アウレリウス・アントニヌス帝**（121~180年）は、ストア派の学者として数えられているほどです。のちに、ユスティニアヌス帝（483~565年・在位527~565年）のとき、キリスト教の熱心な信者だった帝は、アカデメイアを国家の管理下に置き（529年）、ストア派などのすべての学派を追放しました。

この派は、キプロス島のキティオンからアテナイに出てきた、**ゼノン**（紀元前336～前264年）によって作られたものでした。彼が、アテナイのアゴラ（広場）の彩色柱廊《ちゅうろう》で、弟子たちと話し合っていたので、彩色柱廊という言葉、ストア・ポイキレにちなんで、ストアという学派名が作られたと言われています。

この派の目指すところも、心の平静でした。そういうこの派が、外からの刺激を廃し、禁欲的になるのは極めて正しい路線だと言うしかありません。

こういうことです。彼らの主張によれば、**神も魂も、物体からできている**のです。でなければ、互いに作用しあえるはずがないからです。でももちろん、神とか魂とかは、とても細かい、目などには見えないような物体でした。彼らはそれをプネウマと呼びました。プネウマというギリシャ語は、日本語では、風とか風の一吹きとか、気息とか訳されています。たいていの哲学史の本では、「**気息**」という訳をとっているのではないでしょうか。

大事なところは、神も魂も、物体でありながら、目に見えないほど小さいもの、しかも自分からよく動くものだということです。自動でないものは、神にも魂にも不適格です。だから、自動のもの、風のように自分で動く空気と考えたのでした。そしてこれこそ、宇宙や人間の魂、それを代表する理性（ロゴス）のことだと彼らは考えたのです。

もちろん、ストア派の考える世界を作っていくためには、もう一つの別な要素もあります。目に見えない小さなものですが、自動ではなく、動かされるのを待っている物質的実体です。ということは、この世界は、この動かない物体をプネウマである理性が動かして作り上げたものだということになります。

だとすれば、人間の正しい生き方、**アパテイア**とは、普通言われているような、「外から何も影響を受けないこと＝無感動状態」ではなくなります。

人間の魂も宇宙の魂も一つなのです。宇宙の大本の魂からのプネウマの影響を私の魂が受けるのは大事なことです。そのとき私の魂は宇宙の魂と一つになれるのです。

ストア派の言うアパテイアというのは、理性である気息以外のものからの影響を排除するということなのでした。

とすれば、人間の正しい生き方とは、宇宙の大本の魂の決めた規則に従って生きることなのですから、言い換えれば、神の決まりに従って生きることであり、さらに、この神の気息は自然のなかに満ち満ちているわけですから、自然に従って生きることを意味することになります。彼らの標語の一つが、たとえば、頑張って人間、人間などと主張するのではなく、「**自然に従え**」ということであるのも、ここからきているわけです。

でも、この見解は、さらに別な面でも世界を動かしていきます。全世界が、同じものからできているのです。そうだとすれば、人間を、ギリシャの人、エジプトの人などと区別してみせるのは、バカげたことだということになります。**世界市民**という考え方です。これもストア派の特徴の一つでした。

実はあの、皇帝マルクス・アウレリウスはその考えに従って、できるかぎり奴隷を解放していったとも言われています。

ストア派のめざす心の平静

第5章
最後のギリシャ哲学者

ネオプラトニズム

プロティノスという人がいました。２０５年に生まれ、２７０年に死んだと言われています。彼は、間違いなくローマ時代の人です。ローマ皇帝ガリエヌスから尊敬も受けていたと、彼の弟子で彼の伝記を書き残した**ポルピュリオス**は言っています。

もちろん、彼以前にも、ローマには哲学者はいました。ストア派には、キケロ（紀元前１０６〜前43年）、セネカ（紀元前４年頃〜後65年）、この人はあの暴君ネロの先生でした）、奴隷出身のエピクテトス（55年頃〜１３５年）、そして皇帝マルクス・アウレリウス・アントニヌス（１２１〜１８０年）です。

こういう過渡期に出てきた哲学者が、何語で自分の説を書こうとしていたかは気になります。ストア派の祖、ゼノン（紀元前３３５〜前２６３年）は当然ギリシャ語で著作をしていますが、その後のキケロ、セネカといったローマ帝国時代の哲学者は、アントニヌス帝はもちろん、ラテン語で著作しているのです。

エピクロス派では、紀元前４〜３世紀のエピクロスは、当然ギリシャ語で書いていますが、その説を受け継いだルクレティウス（紀元前1世紀）は、なんとラテン語で、しかも美しい詩の形で、『物の本質について』という、題は難しそうですが、中身は美しい本を書いています。

ところで、ネオプラトニズム（新プラトン主義）の人、プロティノスは、紀元後の人なのに、なんとギリシャ語で著作したのでした。

彼の論文を編集して、今私たちが読める形にしてくれたポルピュリオスは、プロティノスの論文集の初めに、プロティノス伝を書いていますが（それも、師に合わせてギリシャ語です）、もちろん、生没年など書かれているはずはありません。そういった年代の表記などなかった時代です。でもそれだけではありません。彼がどの地で生まれたかも明言していないのです。

とはいえ、彼らにとって重要な「**一者との合一**」（一者というものこそ究極なものなのですが、一者などとはほど遠い人間にとって最重要なことは、この一者と合一することだと彼らは考えたのでした）については、この「伝」のなかにも、**プロティノスは生涯で四回合一できたが、自分は一度だけだった**と書いています。

また、そのころ盛んになってきた、キリスト教徒との議論も行ったとも書いていますが、それがどんなものだったのかは書かれていません。もし書かれていたら、彼こそ古代最後の哲学者であり、彼以降の哲学は、アウグスティヌスに代表される、キリスト教を踏まえた哲学、要するに中世の哲学になったと言えるのですが、残念です。

一言注意しておくと、彼の思想を表す、ネオプラトニズムという言葉は、別にプロティノスが言い出した言葉ではありません。彼は、自分はプラトン主義者だと思っていたはずですし、彼の本を読んだという、アウグスティヌスも彼のことをプラトン派の人としています。ルネサンス期の、プロティノスと同じような思想を語った、プラトン信奉者の、M・フィチーノも自分はプラトン主義者だと思っていました。

ネオプラトニズムという単語は、18世紀ドイツの学者の間で使われ出したもので、19世紀に広く定着したのでした。

事物とイデア、多と一

プロティノスの思想がなぜ古代の最後を飾るものだったかと言えば、こういうことなのです。

プロティノスはプラトンの、**多数の事物と一つのイデア**という考えに心惹《ひ》かれたのでした。

多数の人間がいるのは、「人間」のイデアが、一つあるからだということなのです。イデアがそこに介在していなければ、「そこ」を指して人間などと呼べないはずです。でも、さらに考えれば、そもそも、そこにある、指とか足とかをまとめて一つにするもの、もっとうるさいことを言えば、様々な分子を集めて一つに形を作るもの、その設計図になるのが「人間」のイデアであり、それがなければ、ただの分子の集合で、「もの」などになっていないということにもなるわけです。プロティノスは、この、プラトンの「**多と一の関係**」に心を砕きました。

事物とイデア、それは確かに多と一の関係です。でも、それならイデアはどうなるのでしょう。イデアもたくさんあります。そのイデアをイデアと呼んで、一つにまとめられるのはなぜでしょう。

今までの、「この感覚世界にいて、認識されてもいる」多数の人間対、「それを人間と認識させ、人間に作り上げる人間のイデア」という図式からすれば、それは当然、「そういった多数のイデア」対、「それらを作り出し、認識させる、イデアを超える、一つのもの」というところに行きつくでしょう。この行きついたところ、一つのものこそプロティノスが言う、一者でした。

でも、この一者は、「存在である」などと言うことさえできないものです。そう言ってしまえば、たちまち、存在であるイデアの仲間と考えられてしまいますし、「存在」「である」と二言で語っていて、一者にはふさわしくないと言われてしまうからでもあります。

一者から多くのものが生まれる方法

そういう絶対的な「一者」から、たくさんのイデアが、そしてその果てに、たくさんの事物がどういうふうにして生まれるというのでしょうか。

プロティノスはここでも、ギリシャ哲学の正当な後継ぎとなります。**一者は創造する気などまったくない**のです。創造しようなどと思うのは、創造を欲求することです。欲求というのは、ないものをあったらいいなあと思うことです。そんなことを完全な一者が思うはずなどありません。

ただプロティノスも、プラトンが善のイデアにしたように、一者を太陽に比べて語ろうとはします。プロティノスの場合のほうが、徹底しているかもしれませんが。

彼は、太陽が光を出しているのは、出そうとしてではなく、ある意味で、光のほうが勝手に流れ出ていっているのだと言うのです。これが、プロティノスの言おうとした、事物の誕生を語るための**「流出**(ekxein《エクケイン》)」説でした。

一者は、満ち満ちています。無限に満ち満ちているので、そこから光が流れ出ていっても、減って小さくなったり、なくなってしまったりするというものではないのです。いつでも、光を無限に持っています。そして、**そのあふれ出た光から、イデア界も、感覚界もできあがる**ということになります。

もちろん、ただ力を象徴する光があふれ出ていくだけでは、どこまでも光が流れていくだけとなります。たとえば、電球が輝いて、周りが明るくなったとしても、それは明るくなっただけです。何かができあがるはずはありません。ここで彼のもう一つの単語、「**向き直る**(strephein《ストレフェイン》)」が出てきます。流れ出たものが、自分の出てきたもとのところに向き直って(=振り返って)みるということです。

このとき、まず、**イデアとか、それを見るヌース(知性)が生まれる**のです。もう少し流れが下って、それでも、大本を振り返るとき、そこでは、魂及び魂界が生まれる、という手順になります。

プロティノスが古代の哲学の最後にあたると言いたかったのは、そこなのです。すべての創造は、作り主である一者の意図や好意や善意に、ましてや悪意になど、関係はないのです。それればかりか、作りたいという意志、あるいは欲求なども関係ありません。完全な一者が、そういった欲求など持つはずはないのです。勝手に流れ出たものが、勝手に何かになっていくだけです。ただ、一者は無限ですから、この創造は一者の意志には関係なく延々と、未来永劫《えいごう》続きはしますが。

とはいえ、流れ出てきたもののほうは、一者が気になります。途中で振り返ったりしたのも、一者を愛していたからでした。そこで流れ出てきたものは、ここでは、特に人間のことがイメージされているようですが（他の生き物はそれほど一者好きではないようですので）、その愛に従って、一者のもとにとにかく一瞬であれ、戻ろう、戻ろうと念願努力するのです。もちろん、うまく戻れた、そのときには、それまでの、そして今の、自分は捨てられている、要するに、**エクスタシス**（忘我あるいは没我）の状態になっているのですが。だから、この、望みの状態は、普通はすぐに終わってしまい、人間は一者から離され、元の「我」になってしまうのです。

一者との合一

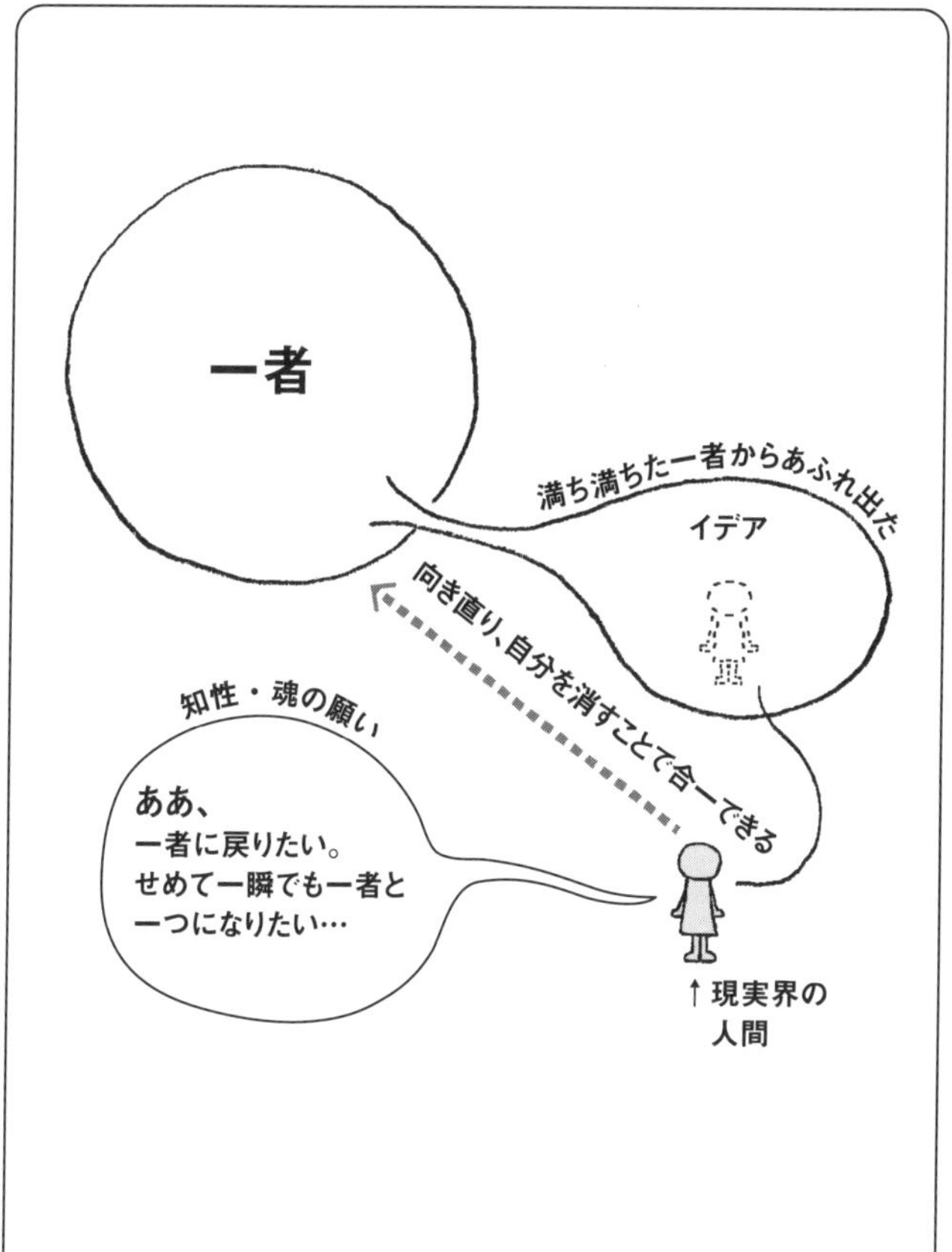
一者
満ち満ちた一者からあふれ出た
イデア
向き直り、自分を消すことで合一できる
知性・魂の願い
ああ、
一者に戻りたい。
せめて一瞬でも一者と
一つになりたい…
↑現実界の
人間

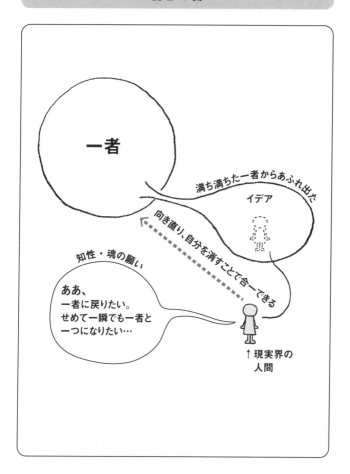

プロティノスの考えた、一者と私たち人間とのあるべき関係とはそのようなものだったようです。プロティノスの考える体系のなかの人間でも、忘我という、己を捨てることさえ認めれば、結構一者に近づけて、その意味では、そのかぎりで幸せになれるのだと言えるのかもしれません。

でも、この話をもう一度よく読んでください。とても大事な、恐ろしいことが書かれています。

ギリシャの哲学者たちの好きだった理性は、一者から流れ出たものが、初めに振り返ったときにできるものなのです。ということは、一者は理性ではないのです。アリストテレスでさえ、神を理性と言いました。そして神が神であるのは、自分の理性で理性を常に見ているからだと、考えていました。そして、人間でさえ、理性を大事にし、理性を使っていれば、たまには、そういった、神のような幸せな状態になることができるのだとも言ったのでした。**古代ギリシャの哲学者にとって大切だった理性の大切さを、プロティノスは否定した**のです。

それどころか、一者から流れ出てきた理性などは、一者に戻るためには、捨てるしかないものになったのです。別の言い方で言えば、一者より一段下がる理性などは、「忘我」の際に捨てられなくてはならないものになったのでした。

とはいえ、それならば、人間の側からの理性的呼びかけなどはもうやめて、一者が一者のほうから手を貸してくれるのを待っていればいいのではないでしょうか。でも、そこは、古代ギリシャ。アリストテレスの神と同様に、**一者は人間などに手を貸してくれはしません**。

古代のギリシャ人にとって、ここまで話が来てしまえば、もう一者との合一という救いなど、あきらめるしかないのかもしれません。でも、プロティノスの弟子ポルピュリオスは、プロティノスは四度、自分は一度しか合一できなかったとプロティノス伝のなかで書いています。

いったい何をこの二人はしたのでしょうか。人は「忘我」の状態に入るために何をすればいいのでしょうか。頑張っているかぎり、「忘我」はありえません。でも、頑張らないかぎり、誰が今の自分を捨てて、忘れてしまうことができるでしょう。

このまったく矛盾する状況を承知のうえ、もしかすると、突然、ある日やってくるかもしれない「忘我」を求めて、二人は話し合っていた、対話しあっていたのかもしれません。そして、その状態に入れたのを見とどけられたのが、プロティノスは四回、ポルピュリオスは一回だったという報告になるのかもしれません。その「忘我」状態がどのくらいの時間続いたかはわかりませんが。

でも、どうしてそんな状態に入れたのかは、たぶん、二人にもわからなかったのではないでしょうか。わかっていたら、それも書いているはずです。努力はしているものの、突然、しかも、たまたま運よく、そんな状態に入ったのだというのが本当であり、驚きでもあったのではないでしょうか。

古代の終わり、中世の始まり

このポルピュリオスの「たまたま」「運よく」こそ、神の手助けを排除しようとした古代ギリシャ人の行きつくところでした。

あの、中世のキリスト教徒の哲学者**アウグスティヌス**は、『告白』という本のなかで、彼がプラトン派の本を読んだときの感想を書いています。彼の言うプラトン派の人とは、たぶん、プロティノスを指しているのだろうと、古来言われてきたので、そうだとすればこの感想は、プロティノスを読んだときの感想ということになります。

アウグスティヌスは、プロティノスの教説と、自分の信じるキリスト教の教義との違いを、「**行くべき、そしてそこに住むべき幸福の国を知りながら、そこへ行くべき道を知らず、遠くから眺めるだけなのと、そこへ行くことのできる道を知っているのとの違いだ**」と言うのです。

行くべき道を教えてくれたものこそ、神から下された、神の独り子、イエス・キリストということになります。アウグスティヌスは、ここで、独り子さえ人間に下された、神からの人間への愛を、強調することになったのでした。

神からの声援のないことを選び、そしてそういった制約のもと生きてきた、古代人たちの生き方が、生きる障害になったとき、古代は終わります。すでに、プロティノスはローマの人でしたし、生きたのも紀元後です。このとき、ローマにはキリスト教が入ってきていたのでした。

国家を広げるのを志す、ローマ帝国の時代です。古代ギリシャに代表されるような、自分が、自分で頑張るという気概はなくなっていたのではないでしょうか。行動範囲の広がりで、結局、**人間は、人間の、そして自分の、限界を知ってしまった**のではないかと思うのです。

ということは、素晴らしい、一者の世界を、いくら描いてみたところで、救いにはならないということです。

そして、それは、天からの救い主キリストを、あるいは自分の独り子を人間に救い主として差し出してくれた神を求めることにもなったのだと思います。それが、アウグスティヌスの語ろうとしたことであり、神の愛による救済を信じることであったのでした。

そして、それによって花開いたのが、ヨーロッパの中世でした。

本作品は当文庫のための書き下ろしです。

左近司祥子（さこんじ・さちこ）
1938年、東京都生まれ。東京大学文学部哲学科卒業、同大学院博士課程満期中退。
東京大学助手、学習院大学文学部哲学科教授を経て、学習院大学文学部哲学科名誉教授。専門はギリシャ哲学。
著書に『本当に生きるための哲学』、『哲学のことば』、『西洋哲学の10冊』、『悪なんて知らないと猫は言う』など。

だいわ文庫

初級者《しょきゅうしゃ》のための
ギリシャ哲学《てつがく》の読《よ》み方《かた》・考《かんが》え方《かた》

著者　左近司《さこんじ》祥子《さちこ》

二〇一七年一〇月一五日第一刷発行

発行者　佐藤 靖
発行所　大和《だいわ》書房
東京都文京区関口一−三三−四 〒一一二−〇〇一四
電話 〇三−三二〇三−四五一一

フォーマットデザイン　鈴木成一デザイン室
本文デザイン・DTP　ISSHIKI（デジカル）
イラスト　matsu（マツモト ナオコ）
本文印刷　シナノ
カバー印刷　山一印刷
製本　小泉製本

ISBN978-4-479-30673-3

http://www.daiwashobo.co.jp